orate a spoonful of
r favorite things
o your daily life

毎日に、ひとさじの「好き」を

暮らしを輝かせる小さな工夫

nidones

incorporate a spoonful of your favorite things
into your daily life

nidones

誠文堂新光社

はじめに

はじめまして。nidonesと申します。

夫婦二人でYouTubeを中心に暮らしや旅の発信をしています。
発信を始めたきっかけは「小さなしあわせを見過ごさず、
大事にしたい」という思いから。
しあわせって実はたいそうなものではなく、
ありふれた日常に潜んでいて、
だからこそよく目を凝らさないと見出せないものだとも思うんです。

私のスマホのメモアプリの中には、
ただひたすらに二人の好きなモノ・コトを綴るだけのページがあります。
かれこれ三年ほど続けているそのメモを、
本の出版が決まったときに一番初めから読み返してみました。

リネンのエプロン、古い木の椅子、お菓子の缶、
部屋の隅でぽつりと灯るランプ、お鍋がふつふつと煮立つ音、
ぬるくなった甘い牛乳、二人で散歩をする時間、
ベランダで植物に水をやる夫の姿……。

私たちの「好き」は、なんでもないような日々の中にあるものばかり。
でもそんな「好き」という気持ちのおかげで、
私たちの目には毎日がきらきらと輝いて映っています。

この本には「好き」で満たされた私たちの暮らしのこと、
そして日々の工夫やアイデアをたっぷりと詰め込みました。
これを読んでくださっている皆さんも、
きっとそれぞれに素敵な「好き」をお持ちのはず。
コーヒーにお砂糖を入れるみたいに、
暮らしにもひとさじの「好き」を加えてみようかな。
そんな気持ちになっていただけたら嬉しく思います。

目次

Chapter

1

Room tour

ルームツアー

私たちの家を紹介します

シンプルな箱型の集合住宅。5階建てでエレベーターはなし。

私たちは、そんな昔ながらの団地の一室に暮らしています。

縁あってここに住むようになり、1年が経ちました。

築40年、間取りは2LDK、広さは75㎡、最寄駅からはバスで20分、夫婦二人暮らし。

心地よいスタイルを探しながら、この家で日々を楽しんでいます。

わが家「らしさ」はこんなところ

1 開放感たっぷり

ダイニング、キッチン、リビングと3つのスペースがゆるやかにつながった開放感のある空間。南の窓から差し込む光は部屋全体に広がり、心地よい風が南北に通り抜けます。実は普通のマンションなどよりも少々天井が低い造りになっているのですが、それを全く感じさせない広々とした贅沢な空間の使い方が気に入っています。

2 収納や間取りが柔軟

実はこの家、既存の収納が少ないのが特徴なんです。それは住人が持ち物の量や家族構成、ライフステージなどに合わせて、柔軟に収納や間取りをカスタマイズできるようにするため。固定の収納スペースが取られない分、家具のレイアウトの幅も広がり、個性を前面に出した部屋作りがしやすいというメリットもあります。

3 時を重ねた味わい

レトロなドア、むき出しのダクト、コンクリートの質感が残る壁など、古い団地のパーツをそのまま活かした造りがあちこちに見られるこの部屋。過ごしてきた時間の面影を残しているからこそ、シンプルな空間の中に温かさが宿っていると感じるし、愛着も湧くというもの。新しさと古さが溶け合った唯一無二の魅力を感じます。

4 白くて四角い箱

飾り気のない、いたってシンプルな空間。はじめて部屋の写真を見たとき「この真っ白なキャンバスをどんなふうに自分色に染めていこう……」と、ワクワクした気持ちで妄想を膨らませたことをよく覚えています。私たちらしい「住み心地」を見つけて、自分が最高にときめけるお城を作る。そんな工夫のし甲斐がある家です。

5 静かで快適な二重窓

ビジュアルだけでなく、機能面でも優れているのがこの家の特徴。実は、既存の窓の内側にインナーサッシを取り付けた二重窓になっています。この窓のおかげで外からの音が遮断されて日中でもとても静かに過ごせているし、冷暖房の効率もよいので、季節を問わず快適な日々を送れています。

6 街の雰囲気がいい

団地が建っているのは、スローでおおらかな空気が漂う湘南エリア。ここに越してきてから、休日は公園でのんびり過ごしたあと海でサンセットを眺めるのが定番コースになっています。「休みには充実した時間を過ごさねば！」とあせることもなく、ただぼーっと一日を終えることを許してもらえるような雰囲気が好きです。

無印良品「藤沢の団地大使」をしています

無印良品のキャンペーンで「暮らしの住まいモニター」に選んでいただき、「藤沢の団地大使」になりました。無印良品がリノベーションを手がけた団地の一室に2年間限定のモニターとして暮らしながら、住み心地や日々の様子をSNSで発信する活動をしています。

実は無印良品の家とは以前からご縁があり、4年ほど前にも東京・国立市にある無印良品のリノベ団地に住んでいました。その後引っ越しを経験したものの、団地の住み心地のよさが忘れられず、キャンペーンを知って即応募を決めたという経緯があります。しかも、いつか住んでみたいと思っていた湘南という最高の立地。「憧れの海街スローライフが叶うかも……！」という気持ちも背中を押してくれました。数回の選考を経て、応募総数1365組の中から一組に選んでいただいたときは最高にうれしかったです。

まさかこんな形で団地に戻ってくることになるとは夢にも思いませんでしたが……ふしぎで素敵なご縁にとても感謝しています。

家に求めるものってなんだろう？

三度の引っ越しを経て見えてきた、私たちにとっての家選びのポイント。それは建物が建っている場所の環境や街の空気感です。建物自体の見た目や雰囲気ももちろん大事ですが、住まいを家という空間に限定せず、もう少し大きい視点で考えるとしっくりくるような気がするんです。私は特に、街にも人にもゆとりが感じられるような、穏やかな場所が好き。

ここで暮らす前は、都心に近いマンションに住んでいました。歩いて行ける距離にある大きな駅には、目新しいモノも流行りのお店も揃っていて、求めれば何だってすぐに手に入る便利な暮らし。けれどそのぶん時間の流れが速く、ときどき日常に置いていかれるような感覚になることがあったんです。

郊外と都心、団地とマンション。単純に比較できることではないけれど、どちらにも住んでみたことで、より自分たちにフィットする暮らしの条件が見えてきた感覚があります。

Room tour

玄関

Entrance

私たちは「団地」に暮らしています。5階まで階段を上ってきた先の右側にあるシンプルな玄関ドア、それがわが家です。住居スペースを広く確保できるよう、団地の玄関設計はとってもコンパクト。だから圧迫感が出ないよう、極力ものは置かずシンプルに使っています。

作りつけの棚がほとんどないので、廊下に無印良品のシェルフを置いてシューズボックスとして活用。幅や段数をカスタマイズできるシェルフは、今後靴の数が増えたときにも収納スペースを確保できる安心感があるんです。

靴だけでは味気ないので、棚の端にはお気に入りの香りのリードディフューザーを。玄関のドアを開けたときに好きな香りがふわっと漂ってくると「家に帰ってきた〜」とひと息つけるんです。遊びにきたお客さんにも「いい香りがする！」と高確率で褒めてもらえるアイテム。誰かのお家にお邪魔するときってほんの少し緊張感があると思うんですが、そんな気持ちをほぐすことができていればいいなあと思います。

小さな玄関から始まる物語。
ようこそ、わが家へ

自作した白いカーテンの奥は収納棚。わずかなスペースながら、掃除機置場として活用しています。高さも奥行きもぴったりで、夫と思わずハイタッチ。

Room tour

洗面所

Washroom

使用頻度の高いものを棚の最上段に。パッケージがカラフルなものはカゴに入れ、布で目隠しをするとまとまります。

清潔感のある
色と素材を選んで、
気持ちよく過ごす

洗面台まわりは白い陶器のアイテムを中心に揃えています。「白」も「陶器」も、清潔感があって気持ちいい感じがするんです。そこに差し色として「青」のアイテムを合わせたのが、私のひそかなお気に入り。壁に貼ったクロス、陶器の瓶、目隠しの布と、主張しすぎない程度にさりげなく置いています。

スキンケアアイテムや掃除道具の収納には、無印良品のバクバクという素材のバスケットを。伸縮性がありつつ型崩れはしにくいので、使い勝手がいいんです。そしてなにより見た目がかわいい。シェルフとカラーが揃っていてすっきり見えやすいのもお気に入りのポイントです。

洗濯機の上には、洗剤、洗濯ネット、洗濯バサミを、それぞれに合ったサイズのカゴに収納。ニトリのガラス瓶に入っているのはドライヤーボールというアイテムです。洗濯物といっしょに乾燥機に入れて乾かすと、洋服もタオルもふっくら柔らかい仕上がりに。その上乾きも早い優秀なアイテムです。3〜4年は繰り返し使えてお財布にも環境にもやさしい。ふわふわころんとした見た目もなんだかかわいらしくないですか?

Room tour

キッチン

Kitchen

玄関からLDKへと進んだ右側がキッチンスペース。明るくて風通しのいい対面式です。インテリアは「自宅で開く小さなカフェ」がテーマ。これまで少しずつ集めてきた大切な器や雑貨を並べて、カフェの店主気分で日々の料理を楽しんでいます。特に大好きなパンやスイーツをモチーフにしたアイテムは、見つけるとつい買ってしまうお気に入り。

空間全体のレイアウトは、行きつけのカフェやPinterestで保存している理想のキッチンの画像を参考にしました。少しでも好みの雰囲気に近づけたくて、コンロ横の壁にタイルを貼ったり、手作りのカフェカーテンを吊ったりと、できる範囲で少しずつ手を加えています。時間と手間をかけることで、ますます愛着が湧く場所になってきました。

家電やキッチンツールは、清潔感のある真っ白な作業台に合わせて、白やアイボリーのシンプルなデザインのものを中心にセレクト。その中にウッドのアイテムをちりばめて、アンティークのワゴンやダイニングの家具とも馴染むよう工夫しました。

好きなものに囲まれて料理を楽しむおうちカフェ

食器洗い用のスポンジや洗剤はシンクの内側に置き、水切りカゴは使うときだけ出す。「見せない」工夫もしています。

キッチンを好きな場所にしたいから、カフェ風のインテリアでまとめました

私が「素敵なカフェ」という言葉からイメージするのは、コーヒーミルやポット、積み重なったプレートやカップがぎゅっと肩を寄せ合うようにして並ぶカウンターの景色です。わが家もそれにならって、お気に入りの道具は目の届く場所に置いています。

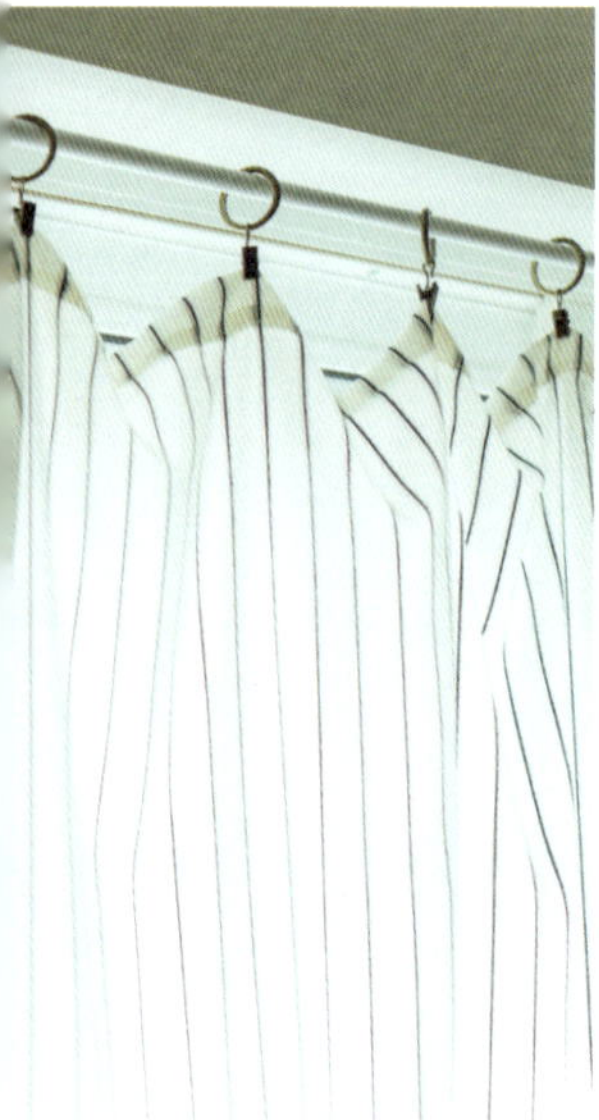

3度目の引越しにも連れてきた頼れる存在

調味料と食料品は、楽天で購入した15cm幅のキャスター付きワゴンに収納。冷蔵庫と壁の隙間に収まるほどスリムなのに収納力は抜群なんです。

調味料収納

キッチン下収納

ワンアクションだから取り出しやすい

シューズボックスと同じシェルフを活用。棚板の位置を変えたり一部外したりすることで、大きさの異なる調理器具もスムーズに収められます。

その他収納

引き出しの代わりに自然素材のケースを活用

細々とした調理器具は木箱にまとめ、キッチン下収納へ。お菓子作りのための道具はIKEAのバスケットに入れてワゴンの下に。

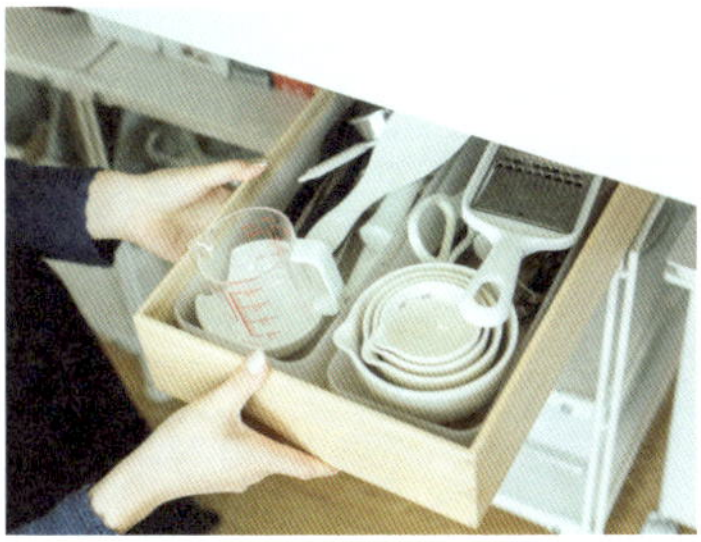

Room tour

ダイニングルーム

Dining room

私たちにとって食卓を囲む時間は、心がゆるむ大切なひととき。だからこそ温かみを感じられる空間にすることを大事にしています。

無垢材のアンティーク家具をベースに、やわらかい色の木で揃えたインテリア。食器棚やガラスケースなど、直線的で角が多い家具のかっちりした印象を和らげるために、ダイニングセットは曲線的なシルエットのものを選びました。ラウンドタイプのテーブルは、友人を招いたときにみんなでわいわいと囲みやすいのも気に入っているポイント。一人ひとりと顔を合わせることができるから、会話や食

「ごはんだよ」
おいしい笑顔が集まる
大切な時間をここで

事の楽しさもひとしおです。

その上の丸いペンダントライトは空に浮かぶお月様のよう。昼はふんわりそこにいて、夜は橙色の光で食卓をやさしく照らしてくれます。

4脚の椅子はそれぞれ異なる個性を持ったデザイン。年代も形もバラバラだけれど、どこか似通った雰囲気も感じる椅子たち。なんだか食卓を囲む家族の風景みたいで、愛おしく思えませんか？

アンティーク雑貨を並べて
食卓からの景色を整える

古い家具を中心にコーディネートしたダイニング。雰囲気になじむよう、小物類もアンティークショップや蚤の市で集めたものを合わせています。ろうそくは実際に食卓で灯すことも。レストランのディナータイムのような素敵な空間になって、いつもの夕食が特別なものに感じられるんです。

メイクボックス

出しっぱなしにできる レトロな佇まいが◎

チェスト横の床に直置きしているメイクボックスは、食卓の上で使用。ミラー付きで収納力も抜群。持ち運びのできる私専用ドレッサーです。

しまうだけじゃない、開けて眺める楽しみも

わが家で最年長の食器棚に並ぶのは、祖母にもらった手作りの器。ぎゅうぎゅうに収納せず、器が心地よさそうなバランスで並べます。

食器棚

チェスト

ガラス×ガラスで 美しく見せる工夫を

収納を兼ねた飾り棚にしているガラス張りのショーケース。グラスに光が当たってキラキラ輝く姿は、ときめく光景の一つです。

光がたっぷり差し込む、ひだまりのようなリビング。一日の多くの時間をこの場所で過ごしています。ラグでゆるやかに空間を仕切ることで、10畳のリビングのなかに「ソファまわり」「本棚の前」「窓際」と三つのスペースが生まれました。

夫婦共に在宅ワークの私たち。夫は仕事部屋のデスクで作業をしていますが、私は転々と場所を変えながら仕事をする方がはかどるタイプ。仕事内容や気分に合わせて、その時々で気ままに作業場を選んでいます。たとえば午前中はよく陽があたる窓際で。息抜きのコーヒータイムはソファで。資料が必要な作業

Room tour

リビングルーム

Living room

のときは、本棚の前にスツールとクッションを置いて座ったり。そんなふうに、ひとつの空間の中でもスペースごとに異なる過ごし方ができるところが気に入っています。

ラグはそれぞれのデザインがぶつかり合ってごちゃっとした印象になるのを避けるため、白や薄いグレーで色味を揃え、空間としてのまとまりを意識しています。そのぶん素材や柄で遊ぶことにしていて、立体感のあるもこもこのウールラグ、薄手の織物、ヴィンテージ調の柄物など、一枚一枚の個性が生きるようにしました。

ずっとここにいたい。
そんなふうに思える
空間で過ごす幸せ

一人がけのソファーは、思い切って買ったリーン・ロゼの「ロゼトーゴ」。存在感もフォルムも座り心地も大満足です。

壁にかけているクロスも含めて、気づいたらファブリックアイテムが多くなっていたリビング。ぬくもりに身を委ねられるような、ホッと安心する場所になったなあ。

「飾る」と「使う」が両立するもの選び

部屋を心地よく「飾る」ことと、道具をストレスフリーに「使う」ことは、両立できると思っています。たとえば電源タップは、プラスチックではなくウッド素材を。雑貨を収納するボックスは、レザー風加工の紙箱を。見た目に妥協をせず、ちゃんと使えて飾りにもなるアイテムを日々探し中です。

小さい引き出し

よく使うところだから
大雑把でもOK

小さなアンティークの引き出しには、日常的によく使う細々したものを収納。1段目に文房具、2段目に薬、3段目に工具やガムテープなどとジャンルごとにざっくり段を分けています。引き出しの中は外からは見えないので、入れ方はおおらかに……。

飾りの収納

収納だってインテリア
部屋に馴染む素材を

レザー風に加工されたボックスに収納しているのは、オブジェやタイルなどの小さな雑貨たち。部屋の景色を変えたくなるとここを開けて、季節や気分にぴったりくるものを探します。ディスプレイの新しい組み合わせを考えるのも楽しい。

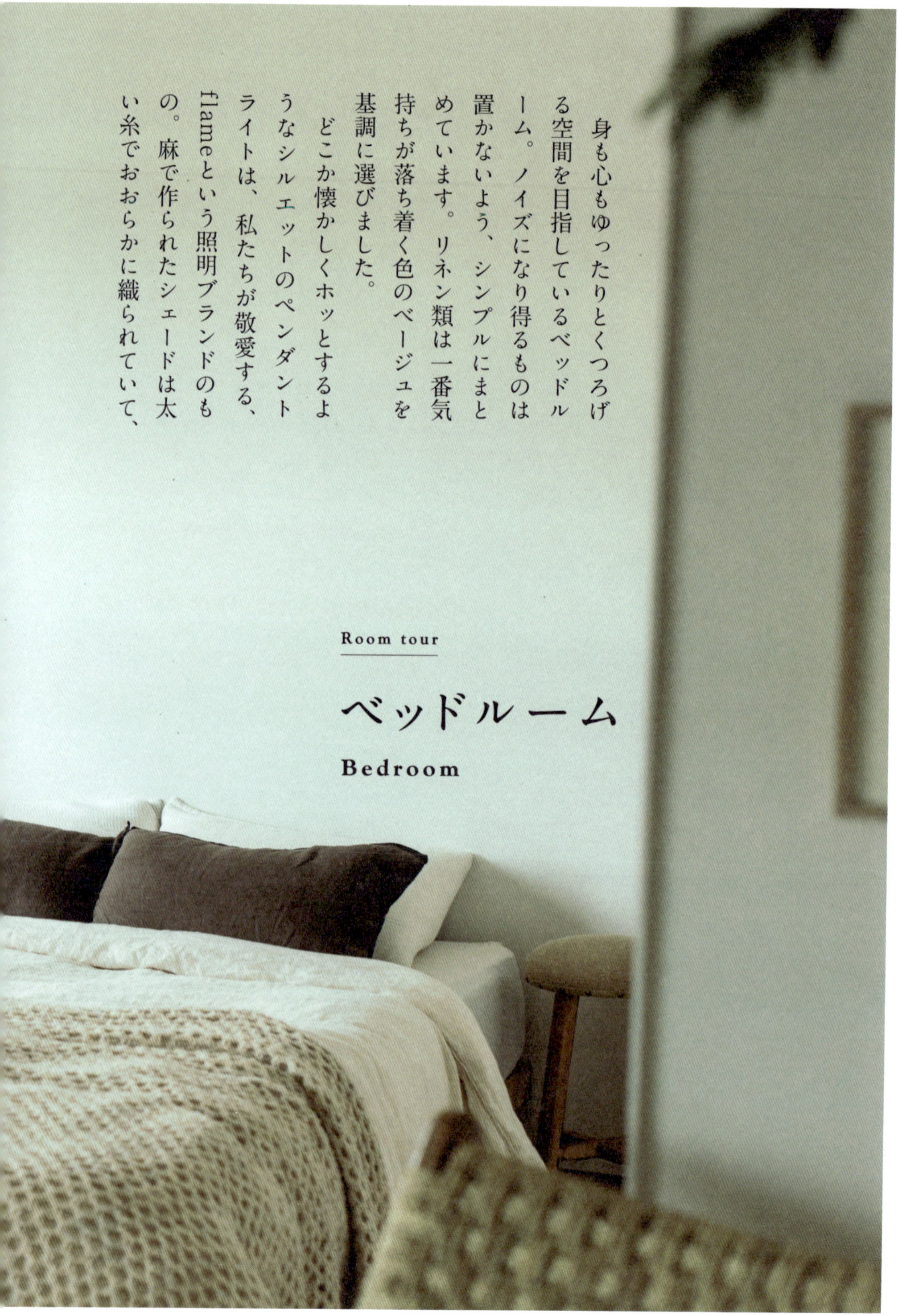

身も心もゆったりとくつろげる空間を目指しているベッドルーム。ノイズになり得るものは置かないよう、シンプルにまとめています。リネン類は一番気持ちが落ち着く色のベージュを基調に選びました。

どこか懐かしくホッとするようなシルエットのペンダントライトは、私たちが敬愛する、flameという照明ブランドのもの。麻で作られたシェードは太い糸でおおらかに織られていて、

Room tour

ベッドルーム

Bedroom

ふわりとやわらかな光で寝床を照らします。

いい使い方が見つからずに持て余していた窓際のスペースを有効活用しようとDIYしたのが、ベッド横のローシェルフ。花ブロックという、外壁に使われるコンクリートブロックと無垢材の板を使って作りました。異素材の組み合わせがほどよい抜け感を作ってくれて気に入っています。棚の上には、お香立てやディフューザー、キャンドルなどの香りものを並べて。一日の最後、好きな香りに包まれてリラックスしながら眠りにつくのが至福の時間です。

灯りと香りに包まれて今日も心地よく眠りにつきます

クローゼットの使い方

使用頻度の低いものや季節外の服は
ボックスやかごにまとめて上段へ

色がグラデーションに
なるように並べるとすっきり見える

夫は木のハンガー、
私は滑り止め付きハンガーを愛用

ニット、スウェット、シャツなど、
ジャンルごとに分けて吊るす

シェルフと引き出しの間に
スペースを作ると便利

無印良品の収納システムをnidones仕様に

ベッドルーム北側の壁一面に無印良品のシェルフを設置し、下段には引き出しを、上段には布製のボックスやカゴを置いてクローゼットとして使っています。天井近くに突っ張り棒でカーテンを吊るし、目隠しもできるようにしました。向かって左側が私、右側が夫と、スペースを半分に分けて各々の服を収納しています。

小物類は場所がひと目でわかるよう工夫を

帽子やバッグはネットで購入したホルダーを活用し、二人分をまとめて収納。縦の空間を有効に使えて収納力がアップし、ものの場所もわかりやすくなりました。

ボトムス置き場は棚の隙間を活用して

デニムや厚手のパンツは畳んで収納したかったので、棚板の高さを調整して一段分の空きスペースを作りました。引き出しに入れるより取り出しやすく便利です。

見せずにしまいたいもののためにも、引き出しは必須

インナーやパジャマは下段のボックスの中に畳んで収納。大きな引き出しを中で仕切るのではなく、小さめの引き出しを選んで種類ごとに分けて入れています。

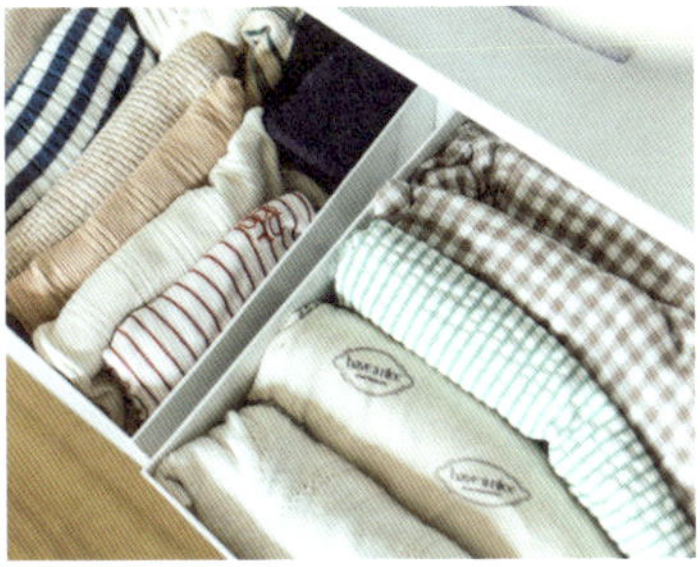

いつか使うかもしれないものは上の段へ

何かと集まりがちなトートバッグ。ノベルティや好きなバンドのグッズなど、気がついたらバスケットがいっぱいになるほど増えていました。シェルフの最上段に収納。

Room tour

仕事部屋

Work room

玄関を入ってすぐ左手にあるのが、夫がメインで使っている仕事部屋。他の部屋と比べると夫の趣味が色濃く出ているスペースです。一日中ここにこもって編集作業をすることが多いので、作業効率を重視したインテリアになっています。デスクは大きなモニターやキーボード、スピーカーなどを置いてもゆとりのあるサイズ感をチョイス。モスグリーンの天板は見た目が素敵なだけでなく、機械類の強い印象を中和してくれます。

そこに合わせたのが、ハーマンミラーの白いセイルチェア。ハンモックに包み込まれるような座り心地で、長時間の作業も快適だそう。インテリア然り、ガジェット類然り、仕事にまつわるアイテムには投資を惜しまないのが夫のポリシー。そのときの自分が手に入れられる最高品質のものを揃えていく姿勢にはいつも感服しています。

写真には写っていませんが、デスクの反対側は壁一面の収納棚。動画撮影のための機材やYouTubeから頂いた銀の盾、ベース、アンプ、時計、サングラスといった夫の私物のほか、ワインの空き瓶や私のシールコレクション、買い置きの洗剤まで、あらゆるものを収納しています。

夫の仕事部屋は
作業効率と快適さが
最優先事項です

壁面収納の使い方

飾るスペースを作ることで抜け感を

仕事の道具だけでなく、普段使いの小物や日用品のストックもここに収納しています。使っているのはクローゼットと同じ無印良品のシェルフ。部屋の雰囲気に合わせてウォールナット材の棚板を選びました。圧迫感が出てしまうのを避けるため、そして見た目の素敵さも大切にするため、まんなかの段には遊びを持たせて、アートや小物を飾るスペースにしています。

収納力抜群！ こんなにいろんなものが入っています

インテリアとしても素敵なシェーカーボックス。大きい方には巾着を、小さい方にはリボンや紐を。どちらも私がついつい集めてしまう偏愛アイテムです。

無印良品の引き出し収納は、ステッカーや一筆箋にぴったりのサイズ感。仕切り板で奥行きを調整できるのも便利。わが家の収納はほとんどが無印良品で成り立っていますね……。

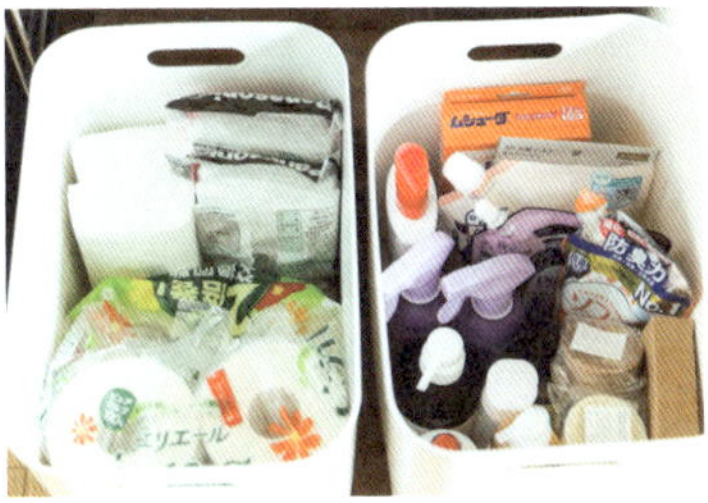

日用品のストック置き場。ストックするのはここに入る量だけと決めています。

引き出しの中には文房具を収納。お菓子の空き箱を取っておいて、引き出し内の仕切りに使ったりしています。

ウッドとリネン素材の組み合わせが好みに刺さった、Zara Homeのアクセサリーボックス。何をつけようかと選ぶ時間が楽しくなるデザインです。

家の中にいながら
空を近くに感じられる
「新しい部屋」ができました

Room tour

ベランダ

Balcony

かねてからやってみたいと思っていた、ベランダのくつろぎスペース作り。ウッドデッキのタイルを敷いてしっかりと作り込むことも検討したものの、まずは手間の面でもお金の面でもミニマムに抑えたかったので、IKEAとニトリでプチプライテムを揃えました。

床には足の裏に心地いいジュートのラグを敷き、太陽光で充電ができるペンダントライトを吊り下げただけ。どちらも室内でも使えて移動も簡単にできるアイテムなので、普段は家の中に置いておいて、思いついたときにパッと準備できる手軽さが気に入っています。

団地サイズのベランダなので、ゆっくりくつろぐことはできないかな〜と思っていたけれど、いざ作ってみるとこのこぢんまりした空間がむしろ心地いい。天気のいい休日にピクニック気分でピザとジュースを並べてブランチを楽しんだり、植物たちと並んで日光浴をしながらコーヒーを飲んだり、本を読んだり、ただただぼーっと過ごしたり、ライトの灯りがともる夕暮れ時には、裸足のままベランダに出て空や街を眺めることも。小さなお部屋がひとつ増えたようで、なんだかちょっぴりお得な気分です。

Column1

これまでの住まい

はじめての二人暮らしの住処として選んだのは、東京都国立市にある団地の一室。「MUJI × UR団地リノベーションプロジェクト」という、無印良品とUR都市機構の共同プロジェクトによってリノベーションされた物件でした。内見で最初に部屋を訪れたときの感動は今でもよく覚えています。光がたっぷり差し込み、心地よい風が抜け、そして窓から緑がのぞく、この上ないほど気持ちのいいお部屋。二人揃ってひとめぼれでした。当時、YouTubeで団地暮らしのVlogをよく見ていたこともあって、暮らしのイメージもすぐに目に浮かびました。

そんな団地での生活を気に入っていたものの、仕事の都合とさまざまな住環境を経験してみたい気持ちもあり、2年半が経ったタイミングで都心に引っ越し。次に住んだのは築50年のヴィンテージマンションでした。レトロな造り、エントランスや共用廊下の丁寧に使い込まれた趣のある雰囲気に惹かれて即決。古い家具とも相性のいいお部屋で、アンティーク収集がより一層加速しました。天井まで届く大きな窓もお気に入りだったな。

Chapter

2

Favorite item

「好き」なもの

Favorite item

古い家具

Antique furniture

右…朽ちた風合いと便利なサイズ感が魅力的な引き出しは鎌倉の「artique」で購入。下…岡山の「womb brocante」で見つけた私たちのファーストヴィンテージ。現在、上段の棚板が外れてしまい修理を依頼中。古道具とのお付き合いには手直しが付きものなんです。

ストーリーを知るほど、
もっと好きになる

千駄ヶ谷の「CEROTE ANTIQUES」で出会ったモロッカンチェアは、どの角度から見ても格好良いシルエット。程よくしなる水草で編まれた座面の座り心地も良し。

さかのぼること4年前。夫と同棲をすることが決まり、どんな家にしていこうかと話し合う中で見えてきたのが「アンティークやヴィンテージが好き*」という共通点でした。そこからコツコツと少しずつ集めてきた国内外の古い家具。長い年月と人の手を経て増してゆく風合いや佇まいの味わい深さにも惹かれますが、古いものの一番の魅力はなんといってもその一つひとつがストーリーを持っていることです。

どこで使われていたのか、どんな文化的背景があったのか。お店の方に教えていただくエピソードがきっかけで購入を決めることも多々あります。ものはルーツやストーリーを知ることでいっそう愛着が湧くもの。かつて海の向こうのどこかの家庭で使われていた家具が、今はわが家で息をしている。それってすごくロマンがあると思うのです。

もう一つ。私たちはもの選びの基準として「いつか手放す日が来たとき、誰かに受け継ぐことができるかどうか」も大事にしています。長く使い続けられるのは、それだけ丁寧に作られ、そして大切に扱われてきた証拠。そう思うと「バトンを繋ぐためにも大切にしなければ……」という気持ちが自然と湧いてきて、触れる手はやさしく、真摯な気持ちになるのです。

*アンティークは製造から100年以上が経ったもの、ヴィンテージは製造から100年に満たないものを指す。

丸みのあるボディにシルバーの取っ手がついたレトロな冷蔵庫は楽天で購入したもの。カラーが真っ白ではなくアイボリーという点も決め手の一つでした。

Favorite item

デザイン家電

Design appliances

無機質な印象を和らげる
形・色・素材を選ぶ

シンプルを極めた佇まいのケトル。ボタンやツマミではなく、ウッド素材のベースに触れることで操作ができます。Kalitaの赤いロゴもお気に入りのポイント。

500mlペットボトルほどのサイズでコンパクトなスピーカーはSonos Roam。縦横どちらの向きでも使えるので、場所によって置き方を変えられるのも便利。

プロジェクターはXGIMIのMoGo Pro。センスを信頼している方のお宅にあり、購入しました。TVチューナーを接続してテレビも見られるようにしています。

電化製品を選ぶときに大切にしているのは、インテリアと調和するかどうか。機能性が重視された家電は使いやすい反面、そのデザインが空間となじまないこともしばしば……。英語の表記しかないなど多少の使いにくさを感じたとしても、ビジュアル面では妥協しないのが私たちのポリシーです。

わが家には木製の家具が多いので、無機質で冷たい印象のものは避け、形・色・素材のどこかに〝やわらかさ〟が感じられるものを選ぶようにしています。たとえば製品の一部にウッド素材が使われていたり、丸みを帯びたフォルムだったり。カラーも黒などの強い色は避け、アイボリーやベージュといった部屋に溶け込みやすい色合いで揃えています。家電が持つ〝強さ〟を中和してくれる要素を持ったアイテム同士は、並べて置いても相性がいいんです。

スピーカーとプロジェクターはバッテリーが内蔵されたタイプを使っています。コンパクトで持ち運びもラクラク。家中どこでも使えるので、二人で映画を見るときは寝室で、友人が来たらリビングで、長風呂したいときはバスルームで……と、さまざまなシチュエーションで映画や音楽を楽しんでいます。配線で部屋の景観が崩れるのを防げる点もうれしいポイント。

Favorite item

スツール

Stool

実用性とデザイン性を兼ね備えたスツールは、「座る」以外にもたくさんの使い方ができます。花や照明を置いたり、サイドテーブルにしたりと、わが家ではオールラウンダー的存在。背もたれがなくコンパクトなので、空間に圧迫感を与えず、インテリアの邪魔もしません。置き場所に悩まない上に、気軽に模様替えまでできちゃうんです。

それから、煮込み料理中やドライヤーを使う間など、ちょっと腰かけたいときにもぴったり。背もたれのある椅子やソファだとつい長居してしまいますが、すっと立ち上がることができるスツールは、軽やかに動きたい

右…「artique」にて。ぽこぽこの脚がかわいい。中…東京蚤の市で出会い、ひとめぼれ。左…シャルロット・ペリアンの名作スツール「N17」。線の太いフレーム、ざっくりと編まれた座面。素朴ながら品がある魅力的な一脚です。

家事の合間の休憩にちょうどいいんです。使い道が多いのでこれだけ数があっても持て余すことはなく、大人数の来客があるときにも大助かり。

わが家にあるスツールは全てヴィンテージ。大型の家具と比べるとお手頃なため、ヴィンテージアイテムの入門としてもおすすめです。シルエットやサイズのバリエーションが豊富なところも、収集欲が刺激されるんですよね。普段は各部屋のあちこちに散らばっているスツールたち。ずらりと並べてみると個性がより際立って愛おしさが増すなぁ。

いくつでも欲しくなる身近なヴィンテージ

右上…散歩中にふらっと入った骨董品屋さんで。抱えてバスに乗ったのもいい思い出。右下…「clapp vintage」で見つけた、持ち運びに便利な折り畳み式スツール。左上…東京蚤の市にて購入。左下…ほっこり温かな佇まいに惹かれ、「くるみの木」にて購入。

Favorite item

照明

Lighting

心地よい暮らしに欠かせない灯り。晴れと曇りで気分が変わるように、照明の明るさや質によって、部屋で過ごす時間の快適さは大きく変わると思っています。私たちが大切にしているのは「必要以上に明るくしすぎない」こと。わが家は一般的な住まいと比べると、少し暗く感じられるかもしれません。実はどの部屋も、元々ついていた照明の数を半分ほどに減らしているんです。

均一に照らされた空間は、のっぺりと平坦に見えてしまいがち。全体の明るさを少し落とす代わりに間接照明をいくつか置くことで部屋のあちこちに陰影が生まれ、それだけでぐんと素敵な雰囲気に包まれるような気がしています。灯りの色にもこだわっていて、蛍光灯のような白っぽい電球ではなく、オレンジがかった温かみのある色で揃えています。

時々「明るい方が過ごしやすくない？」と聞かれることがありますが、慣れてしまえばむしろ少し暗いくらいがちょうどいい。夜、小さな灯りがぽつぽつと灯った部屋にいると、心も体もゆるやかにおやすみモードへ切り替わり、眠りにつきやすくなりました。必要なところに必要な灯りがあればそれでじゅうぶんだと思うんです。

日々の暮らしを照らすほのかな灯り

上段右…リサイクルショップで見つけた掘り出し物。なんと500円！ 右中…「ART WORKS STUDIO」のもの。 左中…陶芸家・佐野元春さんの作品。なめらかに波打つシェードにほれぼれ。 左…大好きなflame。 中段右…「bob's box」にて購入。 左…「古道具チクタ」にて購入。ボディもシェードも全て木製。 下段右…メルカリで購入したピアノライト。 中…「BROCANTE」のペンダントライト。ガラスに閉じ込められた気泡が作り出す、水面のような影が好き。 左…「ART WORKS STUDIO」のもの。

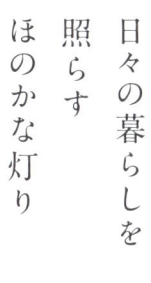

flameの照明をはじめて灯したとき、部屋の空気ががらりと変わり「照明一つでこんなにも空間に心地よさを生み出せるものなんだ」と驚いたことをよく覚えています。私たちの暮らしにおける「照明」の意義が変わった瞬間でした。これからも少しずつ増やしていきたいな。

ドライブ中には、お互いのハマっている曲を教え合うことも。夫は自分では聴かないような曲を教えてくれるので楽しいです。

Favorite item

音楽

Music

うまくいくときも、
いかないときも、
いつもそばに

音楽は私たちの暮らしに欠かせない存在。時間帯や季節、シチュエーションごとに「早く起きた朝」「眠れない夜」「パワーが欲しい日」などのプレイリストを作っては、そのときどきに合った音楽を流しています。たとえば雨の日には気分が落ち込むことがわかっているから、あらかじめ雨の日用のプレイリストを作っておく、といったふうに。好きな曲が流れ出すだけで憂鬱な気分が晴れやかになり、雨の日も悪くないなと思えたりします。

旅先の喫茶店や古道具店で流れている曲を伺って家で聴くことも増えました。バタバタとせわしないときも、そこで過ごした穏やかな時間を思い出すと自然と心が落ち着いてくるんです。音楽は「自分が自分の人生の主人公だと思い出させてくれる」もの。うまくいかないこともあるけれど、そんなときこそ好きなBGMをかけて、映画やドラマの主人公のような気分でいられれば、大抵のことはごきげんに受け流せるようになるんです。

見るたび、
大切な気持ちに立ち返れる

Favorite item

アート

Art

ある程度の家具が揃ったタイミングで「あともう一歩、素敵な空間に進化させるには何が必要だろう?」と考えました。思いついたのはアート作品。どの部屋にも真っ白な広いキャンバス（壁）があるのだから、それを活かさないなんてもったいない！　今も少しずつ増やしているところです。

アートは必ずしも「生活に必要なもの」ではありません。でもだからこそ、私はアートのある空間に豊かさを感じます。それは視覚的に気持ちいいというだけでなく、マインドの面に関しても言えること。達成したい目標を言葉で書いて壁に貼るの左からスウェーデン出身のアーティスト・Mona Johanssonさんの「HAGABION」、横に飾っているエバーフレッシュの葉や幹とリンクしたモチーフがお気に入りの版画家・黒木周さんの作品、1980年にパリで開かれた Cy Twombly展覧会のポスター、京都の「antiquus days」で出会ったガラスケースに飾ったアンティークの紙もの。

と同じように、アートには大切にしたい考えや思いを暮らしの中に示す役割があると思うんです。

特に私たちが好きなのは、ラフなタッチのドローイング。にじんだり、ゆがんだり、はみだしたり、型にはまらない伸びやかさを感じる作品に惹かれます。好みもありますが、それ以上に「のびのびと自由に生きていきたい」という、日々抱いている思いを代弁してくれているからかもしれません。自分の思いを上乗せした分だけ、アートは私たちにとってさらに特別なものになります。そして暮らしの中でふと目にするたび、そこに込めた思いを再確認できるんです。

愛嬌たっぷりな姿にキュンとするDULTONのキッチンスケール。文字盤のデザインがにっこり笑ったお顔に見えて和むんです。デジタルのものと比べると多少の使いにくさはありますが、このかわいさを前にしたらそれも全く気になりません。

得意じゃないからこそ、好きな道具を選びたい

木の風合いに惹かれて選んだZara Homeのシュガーボウル。Zara Homeのキッチンアイテムはヴィンテージ風の加工が施されているものが多く、わが家の雰囲気にぴったりなんです。スプーンをかけておけるのも便利。

Favorite item

キッチンツール

Kitchenware

とにかく切れ味がいい貝印のピーラー。噂には聞いていたけれど、本当に驚くほどするすると野菜の皮がむけるんです。もっと早く買えばよかった〜と後悔したほど。持ち手が手になじむ形になっているのもお気に入りのポイント。

KEYUCAのせいろと鍋のセット。材料を切って詰めて待つだけで完成するせいろ料理は、手軽な上に具材やレシピのアレンジの幅が広くて重宝。買ってよかった調理道具の一つです。

料理があまり得意ではない私。でも生活雑貨が売られているようなお店に行くと、必ずキッチンツールのコーナーに立ち寄ります。得意じゃないからこそ、適当な道具は買わないようにしているんです。「作るのが面倒だな〜」という日も多々あるのですが、お気に入りのキッチンツールが揃っていると思えば、キッチンに向かう気持ちが少し軽くなる。使い勝手のいいものに出会うと初めてのレシピに挑戦したくなるし、普段は面倒に感じる下ごしらえも楽しく感じたりします。

またキッチンツールというと、作業効率重視でつい機能面ばかりを気にしてしまいがちだけれど、やっぱり見た目も大切。素敵なツールは道具としての役目を超え、インテリアの役割も兼ねてくれます。料理をしていないときでも、カウンターや棚に置いておくだけで空間が華やかになるし、それがキッチンに立つモチベーションにもなるんです。だからこれからも懲りずにキッチンコーナーへ通い続け、使っていて心が躍るもの、そして使わずとも飾っておきたくなるような道具選びに励みたいと思います。

Favorite item

アンティークプレート

Antique plates

古道具店や蚤の市でコツコツと集めてきたアンティークプレート。華やかな柄、ぽってりとした肉厚感、控えめなリム、裏側に施された修繕のためのかすがい止めなど、その特徴はさまざまですが、どれにも共通しているのは、やさしくおおらかな佇まいを持っていること。そしてどんなテーブルの上でも主役級のオーラを放ってくれることです。

その美しさを引き立てるためには、どんな使い方をすればいいのか。選択肢は無限にあります。一枚を手に取って、どんなお菓子を乗せよう、どんな料理が映えるかとあれこれ考えるのは、とても楽しい好きな時間。プレートに盛り付けるたび、ま

同じものは一枚として ないところがお気に入り

るでアート作品を作っているような感覚を覚えます。料理やお菓子が主役で、それをおいしく見せるための器を選ぶという考え方のほうが一般的かもしれませんが、私は逆の思考で発想することが多いかも。

飾って、眺めて、楽しんで。料理の得意不得意に関係なく、こうした美しいプレートを使うことで、料理の時間そのものが特別なひとときになるんです。

器は蚤の市や骨董市、アンティークショップを巡って探すことが多いです。よく行くのは東京・台東区の「友栄堂」。毎月一つのテーマに沿ってたくさんの器が集められ、それがさながら美術展のようで、吟味する時間もとても楽しいんです。

Favorite item

オブジェ

Object

「動物」と「食べ物」のモチーフで遊び心を

インテリアの参考にするため、日ごろから理想の部屋のイメージをＳＮＳなどで集めています。画像が並ぶフォルダを改めて眺めてみると、私は家主の趣味や生き方が垣間見えるような家が好きみたい。ベースはすっきり整っていても、ところどころに雑貨やアート、骨董品なんかがごちゃっと集まった場所がある。そんな個性のある部屋をチャーミングだと感じます。

わが家もほどよく遊び心のある空間にしたいと思い、部屋のあちこちに「好き」をちりばめています。お気に入りのモチーフは動物と食べ物。イヌ、クマ、トリに、ドーナツ、クッキー、チョコレートなど、それらをかたどったオブジェやマグネット、プリントされたスカーフなどをインテリアに取り入れています。ふと目が合ったときに頬がゆるむような、生活の中での癒しの存在たち。

オブジェを選ぶときに気をつけているのは、素材感と色味です。かわいらしいモチーフでさらにカラフルだと、古い家具と同じ空間に置いたときにミスマッチになってしまう。だから色数の少ないものや、陶器や籐といったシックな素材でバランスを取るようにしています。

ドーナツ型のオブジェ

TIPTOEの手作りドーナツ。ぷっくり飛び出たジャムがかわいらしい。こういうのに弱いんだよなあ。何に使うわけでもないけれど、眺めているだけで幸せ。

羊柄のスカーフ

妹がプレゼントしてくれた個性豊かな羊さんたちが並んだスカーフ。こんなふうに目隠しにしたり、壁にかけて飾ったり、インテリアとして活用しています。

りんご型のかご

実はferm LIVINGというブランドのキッズアイテム。海外のキッズラインは子どもっぽくなりすぎず、適度にポップなものが多くて取り入れやすいんです。

アニマルプリントの植木鉢

近所の植物屋さんで目が合った、ヒョウが描かれた植木鉢。アンティークとも相性のいいタッチがお気に入り。空間に程よいスパイスを与えてくれています。

『台形日誌』伏木庸平・著／晶文社
『エッセイストのように生きる』松浦弥太郎・著／光文社
『旅とデザート、ときどきおやつ』平澤まりこ・著／河出書房新社
『My Ordinary Days 衣食住、四季を巡るわたしの暮らし』雅姫・著／KADOKAWA
『幸せについて』谷川俊太郎・著／ナナロク社
『海の向こうで』M.B.ゴフスタイン・著／石田ゆり子・翻訳／トンカチ

Favorite item

本

Book

小説、詩集、自己啓発本、絵本……ジャンルを問わずさまざまな本を読むけれど、とくに好きなのはエッセイです。私は「もし何度でも人生をやり直せるとしたら次は何をする？」というテーマで、あれこれ妄想をふくらませるのが好き。残念ながら現実の人生は一度きりだけれど、その妄想を擬似的に叶えてくれるのがエッセイなのです。

自分とはまったく別の道を歩む誰かの人生を辿るのは、新しい発見がたくさんありとてもおもしろい。刺激になった一節はページの端を折り返して、何か

ページをめくって「まだ見ぬ世界」に会いにいく

『モネ 庭とレシピ 』林 綾野・著／講談社
『愛しい小酌』寿木けい・著／大和書房
『器は自由におおらかに 』中川たま・著／家の光協会
『季節の果実をめぐる114の愛で方、食べ方 』中川たま ・著／日本文芸社

に行き詰まったりヒントが欲しいときにぱらぱらと読み返しています。

わが家の本棚には、まだ読んでいない本も積まれています。いわゆる〝積読本〟。以前は本棚に未読の本が存在することに罪悪感を感じていました。でもよく考えたら、読んだことのない本が並ぶ本棚だっていいじゃないかと思ったんです。開いたことのない本＝「まだ見ぬ世界」。積読本は、新しい世界との出会いが尽きないことを教えてくれます。それに積読の量は「知りたいことがたくさんある」という好奇心の表れでもある。本に賞味期限はないのだから、気が向いたときにおいしく味わえばいいと思っています。

Favorite item

グリーン・ファッション

Green fashion

私のワードローブに合う差し色、見つけました

白・黒・ベージュ・ブラウンなど、無難な色の服を手にとることが多かった私。アイテム一つひとつは気に入っているのに、組み合わせるとどこかありきたりな雰囲気になってしまうことが悩みでした。どうしたらオシャレになれるのだろうと雑誌やSNSをリサーチしてみると、素敵な装いの方は色の使い方がうまいということに気づいたんです。

そこで、今まであまり挑戦してこなかったカラーアイテムをたくさん試着してみることに。色々試した中で、個人的に一番

上からキャップ（Saturdays NYC）、シャツ（AURALEE）、ニット（A.P.C.）、ハンカチ（TEKLA）、チェックパンツ（MACPHEE）、スニーカー（CONVERSE）、パンツ（NEAT）、ニット（LACOSTE）、バッグ（MOZHDEH MATIN）

取り入れやすかったのがグリーンでした。意外にどの色との組み合わせも合うし、特にワードローブにあふれていたベージュやブラウンの洋服と相性がいいんです。

色を身につけると気分が明るくなって、ふしぎと足取りまで軽くなるのも私にとっては新しい発見でした。夫も元々グリーンのアイテムをいくつか持っていたので、思いがけず「グリーンを差し色にしたリンクコーデ」になることも（笑）。キャップやシャツはシェアして使っています。ブームは当分続きそう。

Favorite item

パジャマ

Pajamas

自分のためだけにするオシャレが楽しい

意識して集めていたわけではないのに、いつの間にか増えていたパジャマコレクション。私が人生で最も幸せを感じることの一つに「眠ること」があります。正確にいうなら、眠る前にベッドでごろんとくつろぐ時間や、起きたあと布団に包まってとろとろまどろむ時間も含めてです。パジャマはそんなベッドで過ごすひとときをより豊かに

してくれる、私にとっての重要アイテム。休日は一日中パジャマで過ごすこともしばしばです。

　こうして見ると、柄物ばかりだなぁ……。外に着て行くには派手すぎるような鮮やかな色合いに、大胆な柄。でもパジャマならこれもアリだよね。外出のための服装とは違って自分だけのために選んだパジャマ。着ごこちも大切だけれど、やっぱりデザインに惹かれて購入することが多いかな。誰の目も気にすることなく自分のためだけにするオシャレはいいものですよ。YouTubeでも着用しているチェック柄のパジャマは、夫とおそろいで購入したお気に入り。

Favorite item

古着

Old clothes

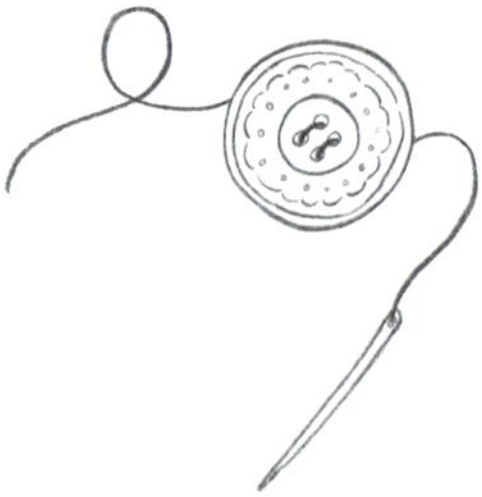

古着好きが高じて高円寺に住んでいたこともある夫の影響で、今は私のワードローブにもたくさんの古着が並んでいます。はじめは古着屋さん特有のスモーキーな香りが得意ではなかったけれど、今ではすっかり慣れて自分だけのお気に入りを見つけ出す楽しさにハマっています。古道具と同じで、何軒も回って「これだ！」というものに出会えたときのうれしさはひとしお。

人気のブランドや流行りの服に惹かれることももちろんあります。でもはじめから価値があると評されたものより、自分で価値を見出したもののほうがより特別な感じがするんです。そしてそうやって手にしたものは、時間が経っても飽きることなく、愛情は増す一方だと実感しています。

夫いわく、ファッションのトレンドはリバイバルを繰り返しているので、古着をモチーフに

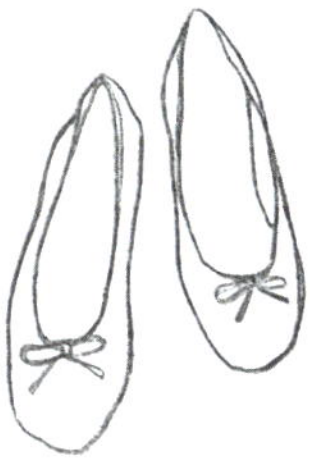

「誰か」のではなく、「私」の物差しで価値を見つける

新しい服が作られることも多いそう。たしかに、思いがけずいま流行している服の原点ともいえる一着に辿り着くことも少なくありません。ルーツやストーリーに出会えるのも古着のいいところ。

　情報があふれる世の中だからこそ、気づくと他人のフィルターを通して物事を見てしまっていたりするけれど、自分の直感に身を委ねることも大事にしたい。もの選びも服選びも、自分の物差しをなくさずに持っていたいと思います。

よく買い物をするのは下北沢の「meadow by FLAMINGO」。大人でも手に取りやすいナチュラルで落ち着いたアイテムがたくさんあって、行くと必ず購入してしまうお店です。友人にすすめられた鎌倉の「Bent」も最近のお気に入り。

Favorite item

花と花器

Flowers and Vases

暮らしに季節を彩る、家族のような存在

繰り返しの日々に、花は変化をもたらしてくれます。そこにあるだけで周辺の空気がふわっとやわらかくなり、室内の雰囲気も明るくなる。水を変えたり、元気に咲いているか様子を見たりしていると、その場所に意識が向くからか、家の中の空気が動いて新鮮な酸素が流れ込むんです。それが心地いいのだろうなあ。

色とりどりの鮮やかな花も素敵だけれど、わが家の雰囲気に合うのは2〜3種類の花を同系色でまとめたもの。大ぶりなものと小ぶりなものを組み合わせてバランスを取るのもいいし、一種類だけを束にして飾るのも好き。飾る花の雰囲気によってフラワーベースも使い分けています。

こんなにも花が愛おしく思えるのは、一緒に生きている感じがするから。春夏秋冬そのときどきで、家の中にいながら季節の移り変わりを感じさせてくれます。目まぐるしく過ぎていく日々に心が追いつかなくなりそうなときも、テーブルに飾られた花を見るとほっとする。季節ごとの花は、暮らしのリズムを調律してくれる存在なんです。常に絶やさず……というのは難しいかもしれないけれど、なるべく花のある生活を送っていたいと思います。

ガラスのピッチャー×
ラナンキュラス

透明で安定感があり、どんなお花も受け入れてくれる器の広い万能な花瓶です。

白い琺瑯のピッチャー×
クリスマスローズ

同じ花を束で買ってきてそのままどさっと生けるのが好き。洗練された雰囲気に。

古い陶器のつぼ×
ミモザのドライフラワー

水を通してしまうので、ドライフラワー専用。土の質感や朽ちた風合いが素敵。

複数のガラスポット×
ラケナリア

ガラスはまとめて置くのも好き。根を見せる飾り方は花屋さんに教わりました。

細口のボトル×
アリウム

スリムでなめらかなシルエットが美しいフランスのアンティーク。一輪挿しに。

ピュータージャグ×
バラ

キズやムラがかえっていい味を出しているジャグ。飾る花に深みを与えてくれます。

Favorite item

文房具

Stationery

小さい頃から、文房具が大好きです。母がお店に連れて行ってくれるたび、きれいな柄のマスキングテープが並ぶコーナーと、カラフルなステッカーが壁一面に陳列されたコーナーを何度も行き来して、真剣にその日一番のお気に入りを選んでいたっけ。そうやってコツコツ集めてきたコレクション。なんだかもったいなくて少しずつしか使えなかったから、十数年経った今もまだ大切にとってあります。「これは猫好きのあの子へ送る手紙にぴったりだ」「そういえば来月はあの人のお誕生日だったな」。そんなふうに、送る相手のことを考えながら便せんやシールを選ぶスタイルは昔から変わりません。小・中学校のときに友だち同士でお手紙交換をした延長を生きていて、バースデーカードを送ったり、ちょっとしたプレゼントに小さなメッセージをつけたりすることに喜びを感じます。

　今はスマホがあるから、伝えたいことを一瞬で相手に届けることができる。便利な反面、それってなんだかすこし寂しい感じもしますよね。思いを文字にしてしたためる手紙は、指で打った無機質な文字よりも、言葉に温度を乗せられるような気がします。文房具にはそのもののかわいさ以上に、温かさがあるから好きなのかも。

誰かに思いを伝えるための小さなコレクション

値段が高い＝よいものというわけでもないなと思っています。高くても身の丈に合っていなければ、使いこなせずに引き出しの中で眠らせてしまうことになるし、反対に安さ重視の「間に合わせ」で買ったものは、使い心地がしっくりこなくて結局手元に残らないし……。私はどちらも経験したことがあります。

Favorite item

プチプラアイテム

Affordable items

探して楽しい、
使って便利、
しかもお手頃

もの選びで大切なのは「自分の暮らしにフィットするもの」を見つけること。お手頃価格でもいいものはたくさんあります。わが家でもプチプラの生活雑貨はいくつも愛用していて、よく買い物をするのは無印良品、ＩＫＥＡ、ニトリ、スタンダードプロダクツ。

01　ガラスの耐熱容器は作り置きに活躍。重ねてコンパクトに収納できるところも◎

02　ソースやジャムを食卓に出すときに使うココット３種。ブルーの目盛りが好み。

03　口当たりがなめらかでやさしい木のカトラリー。アンティークの器とも相性よし。

04 鍋の季節に重宝する、い草の鍋敷。見える場所に吊り下げておくとかわいい。

05 ヨーロッパの家庭やカジュアルなレストランで使われる定番グラス。

06 海外のキッチンで見かけるようなジャグ。置いてあるだけで絵になります。

07 わが家では花瓶として使用しているピッチャー。シンプルで清潔感あり。

08 布を貼った紙製の組み立て式ボックス。耐久性のある頑丈な作りで使いやすい。

09 しっかりした作りのジュートバッグ。荷物が多い撮影仕事のときなどに活躍。

Favorite item

香りもの

Fragrance

夫婦それぞれの好みと
個性を楽しむ

右からスティック状のお香（Classic Incense Stick-TEA CEREMONY）、白い陶器入りキャンドル（フレグランスウッドキャンドル― LUVIHAS）、素焼きの器入りキャンドル（萩焼コラボレーションキャンドル― NUBIAN×MAGNIF）

わが家では、夫の方が香りに対してのこだわりを持っています。香水やお香、キャンドルなど、さまざまな「香りもの」を集めて楽しむ夫にポイントを聞いてみると、私の視点にはなかった答えが返ってきました。まず香水を選ぶときは、自分自身の好みを軸にしつつ、第三者の存在も視野に入れて検討するのだとか。香水は基本的に外へ出かけるときにつけることが多いので、まわりの人にも配慮した香りを楽しんでいるようです。逆に、お香やディフューザーなど家の中で使用するものは、自分ウケ100%でOK。ちょっと癖のある香りも躊躇せず試しているみたい。

実は香りの使いどころも夫婦でそれぞれ異なるんです。夫は仕事の前に気持ちの切り替えとして使ったり、作業の合間にリフレッシュとして楽しむ派。一方私は、仕事や家事を終えてひと休みする時間や、ベッドに入って眠るまでの時間など、主にリラックスしたいときにキャンドルを灯したり、ルームスプレーを使っています。しっかりと輪郭のある香りよりも、かすかにふんわりと香るくらいのやさしい香りが好き。一口に香りといっても、選ぶ香りの種類から使うタイミングまで、楽しみ方がいろいろでおもしろいですね。

右からLABDANUM 18-LE LABO、FOREST EMBRACE-BAUM、ORPHEON-DIPTYQUE、BLANCHE-BYREDO

Chapter 8
For
JOY
with whom I have lived a long time
in the love country
R
Patient's Name
Address
Age
Date
Dr.
Reg. No.
Het adres voor Koek
Chocolade en Suikerwerken
L. CLAUS
Kleine Noord - Hoorn
Eerste soort Wijnen
COCORIS

「紙もの」は、収集癖のある私がついつい集めてしまう偏愛コレクションのひとつです。特に蚤の市や骨董市で出会えるような異国の古いレシート、切符、楽譜、小説の一ページ、書き損じのポストカードなど、遠い国で生きる誰かの暮らしが刻まれた古い紙にはロマンがたっぷり詰まっていて、いくつになっても収集がやめられません。

思えば子どもの頃から、身のまわりにあるチラシやカード、包装紙などにプリントされているデザインやロゴをじっくり眺めるのが好きでした。お菓子の包み紙、紙製の化粧箱、手提げの紙袋なんかも捨てられず、一つひとつ大切にとっていたくらいです。

大人になった今も好きな気持ちは変わらず、パケ買いジャケ買いは日常茶飯事。私にとっては包まれた中身と同じくらい、パッケージや外箱も大切なときめき要素なのです。普段はファイルにまとめてしまっているのですが、ときどき引っ張り出してきてこんなふうに広げては、自分の中でのかわいい組み合わせを見つけたりして楽しんでいます。

Favorite item

紙もの

Paper things

誰かの暮らしのかけらにロマンを感じて

せっせと集めた紙ものの使い道は、冷蔵庫や空いている壁にぺたぺたと貼り付けたり、日記にコラージュをしたり。封筒を自作して手紙を送るときに使うこともあります。どの紙を何に使おうかと、あれこれ迷いながら眺めているときが幸せ。

Column2

nidonesができたきっかけ

2020年春、私たちはそれぞれの実家で暮らしていました。コロナ禍による外出自粛を受け、2ヶ月半ほどは会うこともできず、電話で話すのが日課に。そのとき、これまであまり話してこなかった将来についての意見や思いを共有し合うようになったんです。今思えば、先の見えない不安に包まれた日々だったからこそ、互いに未来のことをよく見つめ直していたのだと思います。

私は長い間ひそかに抱いていた「暮らしの発信をしてみたい」「もの作りをしてみたい」「本を出したい」という夢を、yuさんにはじめて打ち明けました。それまで伝えずにいたのは、夢はあくまで夢であり、実現には程遠いものだと思っていたからでしたが、私の夢を聞いた彼の返事は「それ、全部一緒に叶えようよ」というものでした。「え……？ 叶えるってどうやって？」と、私はびっくりするやら戸惑うやら。でも彼は「今できることはなにか」「コロナ禍の今だからこそやれることはないか」と話を進めてくれました。そして「まずは二人のことを知ってもらおう」と、YouTubeでの発信を始めることになったんです。

とはいえ、当時は二人とも撮影や動画編集の経験はほぼありませんでした。不安もあったけれど、yuさんの「mioは世界観作りが得意でしょ？ そこはまかせるから、自分が撮影や編集をやるよ」という頼もしい一言に背中を押され、活動がスタート。彼はその言葉通りすぐにカメラを買い、自粛期間中にベースとなるスキルを一通り身につけてくれました。その行動力と向上心には、いつも本当に頭が下がります。

そして初夏。緊急事態宣言が解除されたタイミングで物件探しを始め、二人暮らしを始めるべく、国立の団地へと引っ越しをしました。その団地の一室から、nidonesはスタートしたんです。

Chapter

3

Leading a life

ライフスタイル

Leading a life

nidonesのおうちごはん

毎日の食事の時間を大切にしたい。そんな気持ちはあるものの、料理に苦手意識のある私にとって、どうしたら作ることを楽しめるかが課題でした。そんなとき頼もしい味方になってくれたのが、使い心地のいいキッチンツールや心がときめく器、憧れの料理家さんのレシピ本。お気に入りのものの力を借りながら、少しずつ台所仕事に自分なりの楽しみを見つけられるようになってきました。

食材の買い物もそのひとつ。夕飯の買い物に行くときはいつも夫と二人で出かけます。献立をあれこれと相談しながらスーパーに行くのが、平日のささやかなデート。時間に余裕があると少し足を延ばして大きなショ

料理が苦手だからこそ
楽しむ方法を見つけたい

ッピングモールへ行き、買い物帰りにアイスクリームを食べて帰るのがたまのご褒美になりました。

料理をするのは基本的に私ですが、その分お皿洗いは夫がやってくれるし、時々は一緒にキッチンに立って、私がおかずの準備を進めている間に夫が味噌汁を作ってくれることも。自然とバランスよく分担できていると思います。そして、お互いに相手の行為を当たり前と思わず「作ってくれてありがとう」「洗ってくれてありがとう」と、感謝を伝えることも大切にしています。それがわが家の心地いいおうちごはんの一番の秘訣かな。これから先もその気持ちをずっと忘れずにいたいです。

Leading a life

アンティークプレートで朝食を

どのプレートにしようかな
今日の一枚を選ぶのが
朝の楽しみ

くるみパン（2枚）
ベーコンエッグ
マッシュルームのソテー
ベビーリーフのサラダ
アメリカンチェリー
ミルク

朝食はたいていワンプレート。「パン＋ベーコンエッグ＋葉物野菜＋くだもの」がわが家の定番メニューです。パンをトースターに入れたらフライパンに卵を落とし……と決まった手順を体が覚えているので、寝起きの頭でもスムーズに動けます。

　食材がぎゅっと肩を寄せるように集まったワンプレートは、彩りもきれい。その色合いが引き立つよう、器はシンプルなものを手に取ることが多いです。アンティークのプレートは、たとえ無地のものでも貫入や欠けによる味わいを感じさせてくれるので、寂しく単調な印象にならないところが好き。洗い物もお皿一枚、フォーク、コップと最小限で済み、バタバタしがち

レーズンパン（2枚）
マーマレードジャム
塩バターキャラメル
キウイジャム入りのヨーグルト
アイスカフェオレ

な朝にちょうどいいんです。

ちょっと憂鬱な予定がある日（たとえば歯医者さんに行かなくちゃいけないとか）は、前日においしいパンや、好きな焼き菓子を買っておくのがマイルール。これだけで朝ベッドから出るときの気分が全然違うんです。そしてジャムやバター、コンフィチュールをテーブルに並べて、ささやかなお茶会のようなセッティングをします。プレートは華やかな絵柄が入ったものをセレクト。これも自分の気分を盛り上げるポイントのひとつです。「朝を制する者は一日を制す」なんて言葉がありますが、朝をごきげんで過ごせれば、大抵のことは軽やかに乗り切れるんじゃないかな。

Leading a life

残りものに見えない和定食ランチ

雑穀ごはんのおにぎり
味噌汁
厚焼き卵
ほうれん草のごま和え
浅漬け

昼食は仕事の合間にささっと取ることが多く、たいていは前日の夕食の残りもの。それを少しずつ小皿に取り分けて並べ、お盆に乗せた和定食が最近のお気に入りです。小さな器がいくつも並ぶ食卓はなんだか丁寧な感じがするし、旅館のごはんのようで胸がときめくんです。そんなときに活躍してくれるのが、骨董市でコツコツと集めてきた豆皿や小鉢。器の組み合わせを考えるひとときは日々のささやかな楽しみでもあります。

仕事の都合上、夫婦それぞれに食べることも多い昼食ですが、揃って食べられる日は何が食べたいかを聞いて作ることも。夫からのリクエストで一番多いのは丼ものです。定番の豚丼や親

サッと手軽にできるのが大事、丁寧で心地よいしつらえも大事

豚丼
冷たい緑茶

子丼、それから麻婆豆腐丼に、青椒肉絲丼《チンジャオロース》。なんでもかんでもごはんにどーんと載っけるだけで「はいお待ち！」とスピーディーに仕上げられる丼ものは、作り手にとっても楽で有難いメニューです。わが家では大きめのカフェオレボウルをどんぶりとして愛用中。洒落っ気が出しにくい丼ものも、カフェオレボウルに盛り付けるとまるでカフェごはんのような雰囲気になるのでおすすめです。

　残りものや簡単な丼ものでも、器と盛り付けの工夫次第で満足感はぐんと変わるもの。心なしかおいしさもアップするような気がします。

Leading a life

季節感と手仕事を楽しむ夕食

小さな灯りの下で お酒とおつまみと 器を味わう

料理は自分の得意分野ではないと自覚しているので、手を抜けるところはしっかり抜く！が私のモットー（笑）。今の時代は本当に便利なものがたくさん揃っています。この日の夕食も、水餃子は冷凍のものを蒸しただけ、麻婆豆腐も市販の素を使って手軽に作りました。手をかける部分とかけない部分のバランスを取ることで、日々の料理をストレスなく楽しめています。

献立を考えるときに意識しているのは、食材に旬のものを取り入れること。せっかく四季のある日本に暮らしているのだか

アンティークとも相性のいい現代作家の器たち

ガラス作家・井上枝利奈さんの作品。淡くぼけたスモークガラスが幻想的な八角プレートの中央に、ちょこんと料理を載せるのが好き。

陶芸家・増田結衣さんの作品。生き生きと楽しげなドローイングがどこか有機的で、アートピースのよう。取り皿にも、デザートにも。

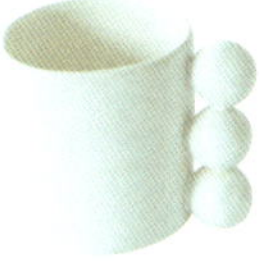

アーティスト・Aya Courvoisierさんの作品。ふしぎなシルエットに一目ぼれしたカップ。レトロさとモダンさを併せ持った佇まいが魅力。

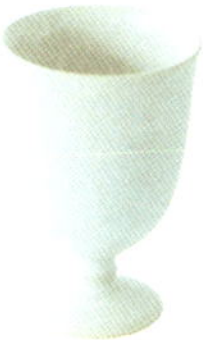

陶芸家・佐野元春さんの作品。唯一無二の存在感とやわらかな空気をまとった白いゴブレット。いつものコーヒーが特別な一杯に感じる。

水餃子
麻婆豆腐
茄子の揚げ浸し
スパイス枝豆
茶碗蒸し
ビール

ら、季節の恩恵は享受したい。いきいきと新鮮な食材を口にすると、大袈裟じゃなくお腹の底からぐわあ〜っと力が湧いてくる感覚があります。体中の細胞が喜ぶのを感じるとき「人と自然は繋がっているんだなあ」と思い出すんです。

　夕食は和食や中華が多いので、器はヨーロッパのアンティークよりもアジアの作家ものをメインにチョイス。同じ国の料理と器は相性がいいですし、手仕事ならではのゆらぎのある器を並べると、食卓全体がやさしい温もりで包まれる気がします。器やグラスだけでなく、箸置きや醤油さしなど、ささやかな部分までお気に入りで満たすのもポイントです。

Leading a life

お気に入りの器を連れてピクニック

天気のいい週末は、サンドイッチやちょっとしたおやつを持って近くの公園へ出かけます。ピクニックを口実にいつもよりちょっといいパンを選んでサンドイッチを仕込んだら、肌触りのいいクロスや冷たいコーヒーを入れたポット、小ぶりで持ち運びに便利なグラスも一緒にバスケットへ。そんな準備の時間もピクニックのお楽しみのひとつです。

見晴らしのいい丘の上だったり、大きな木の下だったりと、クロスを広げる場所はその日の気分次第。その上に使い慣れたスツールや器を並べると、まるでそこに小さな私たちの家が生まれるような、そんな気持ちになります。日常の延長でありながらも少しだけ特別な空間がなんとも心地いいんです。

原っぱを無邪気に駆け回るわんこや子どもたちの姿に頬がゆるみ、果てしなく広がる空を見上げると心が凪いで穏やかになる。ここに来ると、たいていの悩みはなんだかどうでもいいような気さえしてきます。そんな景色の中で、コーヒーを片手にサンドイッチをむしゃむしゃと頬張る休日、実に最高です。澄んだ空気や青々と茂る自然の香りが仕上げの調味料になって、いつもの何倍もおいしく感じます。

のんびり過ごす休日の定番は、
青空の下でサンドイッチ

Cannelé
クロワッサンのサンドイッチ
（ハム、チーズ、レタス入り）
アイスコーヒー

Leading a life

クリスマスの準備

一年で一番
好きな日のために
心を込めてツリーを飾る

食べ物、動物、建物などさまざまなモチーフが大集合。光の反射が美しいガラスのボールは電飾とも相性抜群。よくチェックするブランドはferm LIVING, Astier de Villatte, Zara Homeなど。

12月は一年の中で一番好きな季節。この時期になると、うきうきそわそわ、心が浮き立って仕方がないのは子どもの頃からずっと変わりません。鈴の音がシャンシャン響くクリスマスソングに、きらきらの電飾に包まれた街路樹、サンタやスノーマンの形をしたお菓子がぎっしり並ぶ陳列棚。目に映るものすべてに心が躍ります。

この時期の私はオーナメントハンター。暇さえあればクリスマスマーケットやインテリアショップを何軒もはしごしてオーナメントを探し回ります。そうして毎年少しずつ買い足してきたコレクションは、大切な宝物。それら一つひとつをツリーに飾りつける時間も、うっとりと眺めながらホットチョコレートを飲む夜も、この季節しか味わえない至福のひとときです。

子どもの頃のクリスマスはプレゼントを待つものだったけれど、今はもう自分で自分にご褒美を与えてあげることができます。「サンタさんが来なくなるくらいなら、大人になんてなりたくない」。あの頃はそう思っていたけれど、大人のクリスマスもなかなかいいものですね。

Leadng a life

散らからないためのルール

妻は掃除、夫は整理整頓
得意なことをやるから続けられる

YouTubeの視聴者さんや遊びに来た友人たちから「いつも部屋をキレイにしていてすごいね」なんて恐れ多い言葉をもらうことがあるのですが……いえいえ、そんなことはないんです。普通の生活を送っているだけなのに、なぜだか気づくと散らかっていて、頭を抱えながら片付けをすることもしょっちゅう。

散らかる原因を自分たちなりに分析してみると、いくつか思い当たる行動が浮かび上がってきました。たとえばテーブルの上やキッチンカウンターの端に、書類やDM、領収証を置きっぱなしにしてしまうこと。外から帰ってきた後、バッグや買ってきたものを床にポンと置いてしまうこと。些細な散らかし癖が日々積もっていくことで、いつのまにか部屋全体がごちゃっとしてしまうんですよね。「じゃあその癖を直せばいいんだ！」と漠然と気を引き締めたところで、そう簡単には直せないのが人間というもの。具体的なルールを設けたり、アイテムを導入したりと、どうにかこうにか工夫を重ねることで、手強い散らかし癖が暴走するのを防いでいます。

散らかりがちな書類は必要なものだけを保管

公的な書類や領収証は大容量ファイルで一括管理しています。インデックス付きなのでジャンルごとに分類できて便利。必要のないチラシやDMはテーブルを経由せずゴミ箱へ直行！

夫婦それぞれが得意な作業を担当

夫が「整頓された空間」を重視するのに対して、私は「清潔な空間」をキープしたい派。その違いを生かして、夫がものの整理や片付け、私は掃除と分担しています。

帰宅したらまずはバッグの中身をここへ

バッグの中身用のカゴをつくっています。帰ってきたら一度ここに中身を全て出し、そのままの流れでバッグ自体もいつもの置き場へ。失くしものや忘れものの予防にもなり、出かける前の支度もラクになりました。

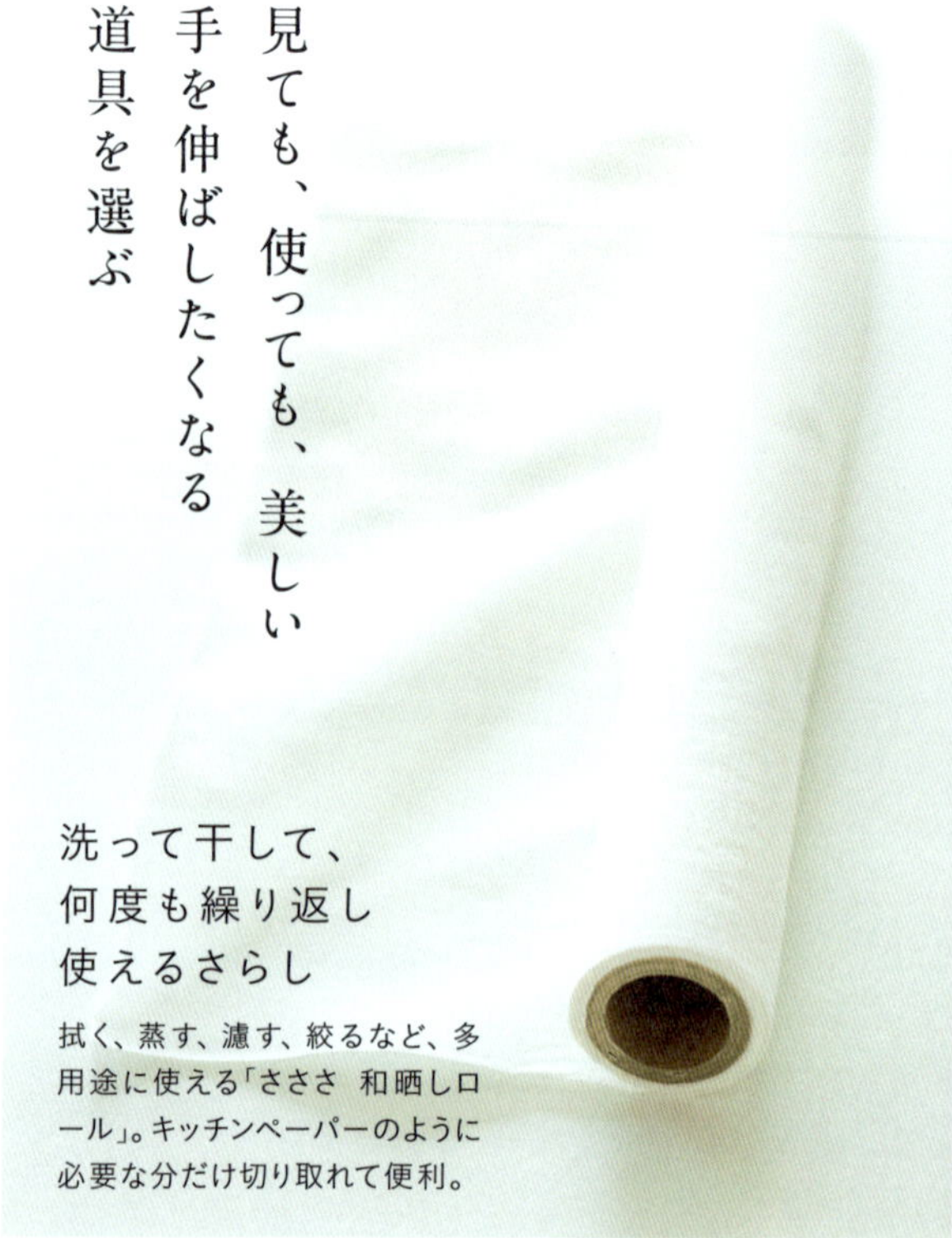

見ても、使っても、美しい
手を伸ばしたくなる
道具を選ぶ

洗って干して、
何度も繰り返し
使えるさらし

拭く、蒸す、濾す、絞るなど、多用途に使える「ささcouldさ 和晒しロール」。キッチンペーパーのように必要な分だけ切り取れて便利。

Leading a life

家事を楽しくするコツ

ついつい億劫になってしまう日々の家事。面倒に感じる理由はきっと「家事＝仕方なくやらなくてはいけないこと」だと思ってしまっているから。そんな「義務マインド」を切り替えるために作った、自分なりのスイッチがいくつかあります。

一つ目は気に入った道具を使うこと。お掃除ならばブラシや布巾、洗濯ならば洗剤やハンガー。見た目が気に入っていたり、使い心地がよかったり、何かしら「手を伸ばしたくなる理由」がある道具は、家事のハードルをグッと下げてくれます。

二つ目は「ながら家事」をすること。わが家では家事の時間にラジオや音楽を流します。お気に入りのラジオ番組がいくつかあるので「そういえば昨日の放送、聴かなくちゃ」と思い出したときが家事タイムの始まり。あくまでもラジオを楽しむ時間がメイン、家事はそのついで程度の感覚です。作り置きのおかずを仕込む時間も、私にとってのお楽しみ時間です。夜中のキッチンにiPadを持ち込んで、ドラマや映画を横目にゆるりとマイペースに手を動かします。初見の作品だと気を取られすぎてしまうので、何度も見ているお気に入りの作品の鑑賞がベスト。この習慣のおかげで「家事＝楽しい時間」という捉え方ができるようになってきました。

ふわふわビジュアルがかわいいホコリ取り

梁や棚の上の掃除に使っているダスター。もこもこした白い毛が小さい生き物のようにも見えて、使うたびに和むアイテムです。

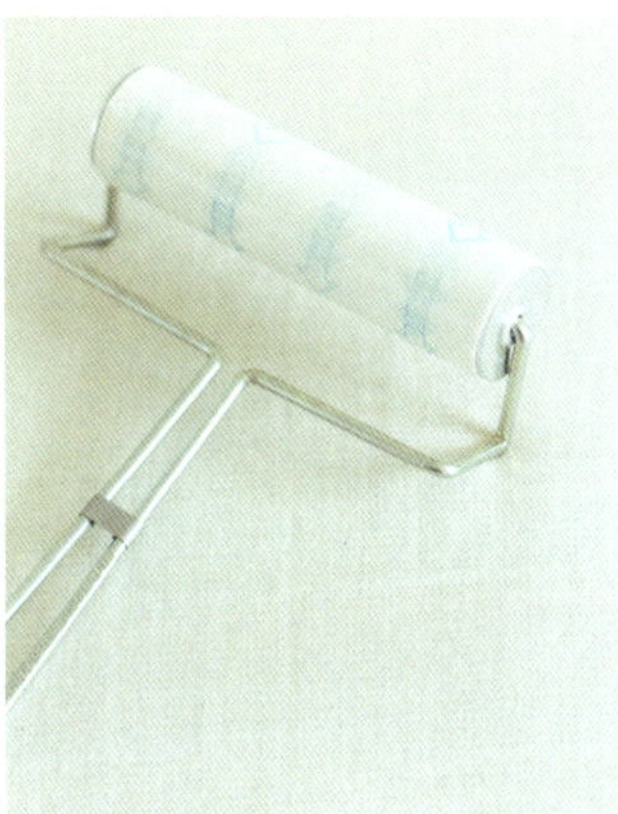

ステンレスでコロコロがスタイリッシュに！

無骨な雰囲気がお気に入りの「PUEBCO」のコロコロ。床や壁からテープが浮く構造になっていて、ケース不要で保管でき楽チン。

三つ目は「頑張りすぎず、ほどほどに」という合言葉。「こうでなくちゃいけない」という固定観念にとらわれず、無理のない範囲でこなせるやり方を心がけています。夫も私も、こと家事においては細かな部分は気にしない性格なので、7〜8割できていたらじゅうぶん！　のマインドで生活しています。義務のように感じてしまうと、それができなかったとき心の負担になってしまうから。ルーティンは大事だけれど、時と場合によって「今日はこのくらいでいいか」と手放すことができるゆるさも必要だと思うのです。

Leading a life

DIYで家具づくり

先日初めてアンティーク家具の
塗装剝離に挑戦しました。
家具表面に塗られている塗料を剝がして、
何も塗られていない木の状態に戻すDIYです。

以前はＤＩＹと聞くと、大がかりで手間のかかる作業をイメージしていました。プロ仕様の工具や広い作業スペースがなければできないものだと思っていたんです。でも実際に調べて手を動かしてみると、案外簡単にできるＤＩＹもたくさんあることを知りました。クッションフロアを床に敷いたり、キッチンにタイルを貼ったり、本棚を作ったり、椅子の塗装をしたり。どれも、決して器用とは言えない私たちでもできた作業です。

わが家にはたくさんの古いものがあります。アンティークの世界では、修復したりリメイクしたりと、手を加えながら使い続けていくことは当たり前。そうやって受け継がれてきた古い家具がそばにあることで、自然と「自分の手でものや空間をより良くする」という考え方がなじみ深くなっていたのかもしれません。

それにＤＩＹは、見た目や使

ヨーロッパの家具はデコラティブな装飾がほどこされたデザインが多く、部屋になじまなそうな雰囲気が……。

作業はベランダで。剝離のための薬剤やハケはホームセンターで購入しました。

い心地をよくするためだけの作業ではないと思っています。手を動かす過程でその家具や空間への愛着がどんどん増していき、何にも代えがたい最高に愛おしいお気に入りが完成する。DIYの一番の魅力は、そこにあるのかもしれません。色、サイズ、形、すべてが自分の好みにぴったりハマる部屋や家具を見つけるのは至難の業。でもDIYによって、理想に限りなく近いものを作り上げることができるんです。

薬剤を表面に塗ってしばらく置き、剥がれた塗装を拭き取っていきます。

家具の表面塗装を剥がしてもとの木肌に戻してみる

無垢の木肌が現れてやわらかく素朴な雰囲気に。日本のインテリアや住宅とも相性のいい仕上がりになりました。

Leading a life

お金と時間の管理

生活だけでなく、仕事も共にしている私たち。収入は共同口座に入ってくるので、そこから生活費・仕事の経費・個人で使用する分のおこづかいを振り分けています。家計の管理は基本的に私が行っていて、管理ツールとして使用しているのは「Money Forward ME」というアプリ。クレジットカード・決済アプリ・銀行口座とひもづけることでほとんどの収支を自動記録してくれるのが、ズボラ人間にはとてもありがたい！

日々のスケジュールは「Googleカレンダー」で管理しています。スケジュール管理アプリも色々とありますが、仕事で使用しているGmailやGoogleドライブ、

お出かけのときに使うGoogleマップとの互換性も踏まえて、私たちはGoogleカレンダー一択でした。ひとつのカレンダー上で複数アカウント分のスケジュールを表示できるので、共同仕事の予定・自分の予定・相手の予定を、ひと目で把握できて便利。

会社勤めではないので仕事をする時間は自由。基本的には暦通り平日は仕事、土日祝日はお休みというサイクルで動いていますが、旅行をするときなどは混雑しがちな週末を避けて計画を立てることが多いです。その分前後の土日で働いたりと、フリーランスの恩恵を活かしつつ臨機応変に調整しています。

管理と確認のしやすさを優先
アプリを使ってシンプルに

移動することのできる もうひとつの居場所

クラシカルなビジュアルの車を探して行き着いたダイハツ「ミラジーノ」。愛嬌たっぷりなフォルムや丸目のヘッドライトがとってもキュート。最新の設備ではないけれど、アナログな一面も含めて愛おしいマイカーです。

Leading a life

車について

現在の家に引っ越してきたタイミングで購入したマイカー。今や私たちにとっては単なる移動手段ではなく、もう一つの居場所、第二の家のような存在になっています。仕事で行き詰まったとき、特に何かアイデアを出したいときなどは、二人で車に乗り込んで当てのないドライブへ。運転している間はスマートフォンに手を伸ばすこともないし、だんだんと頭の中がクリアになって、いいアイデアが湧き出てくるんです。意識していたわけではないけれど、仕事や将来についてなど、大切なことを話すときも、思えば車中というシチュエーションが多かったかも。家のテーブルで向かい合うとかしこまりすぎてしまう話も、ドライブ中ならポンポン意見を交換しあえるから不思議です。

もちろん、旅行をするときも大活躍。私たちの旅の目的地には、山の中にぽつんと佇む宿や海辺のカフェなど、豊かな自然に囲まれているがゆえに公共交通機関ではアクセスしにくい場所も多かったりします。車を手に入れてからはそんな場所へも自由に訪れることができるようになり、行動範囲がぐんと広がりました。道中では思いがけない素敵な景色と出会うこともあるのですが、そんなときに車を停めて眺めたり、少し散歩をしたりとじっくり楽しむことができるのも車ならでは。私たちのライフスタイルに欠かせない大切なパートナーです。

Leading a life

nidonesの旅支度

いつもの暮らしを詰め込んで軽やかに、まだ見ぬ旅路へ

一ヶ月に一度ほどのペースで泊まりがけのお出かけをします。旅につきものの荷物のパッキングは、最近、自分たちのスタイルができてきたところ。3〜4泊用のスーツケースを二人で使っています。靴下・ハンカチ・下着などの細かいものは、普段からつい集めてしまうトートバッグや巾着を使って小分けに。宿でスーツケースを開けたときにお気に入りが詰まっていると気分が上がるんです。こうした小さな楽しみも、旅を豊かにしてくれる要素のひとつ。

旅先から骨董品や家具を持ち帰ることも少なくないので、出発前は中身にゆとりを持たせ、荷物は全体の8割ほどに抑えるようにしています。また帰宅後のことも考え、洗濯物用の袋も準備。帰ってきてそのまま洗濯機へ放り込めるようにしておくことで、旅の余韻に浸りながらもスムーズに日常へと戻れるのです。

と、色々語りましたが……正直、お金とスマートフォンさえ持っていればあとは何とかなる

スーツケースの中身は こんな感じ

開いたときの見た目が心地いいこと。必要なものが出しやすく使いやすいこと。どちらも実現できるよう工夫しています。

と思っています。どんなに準備万端整っていても、旅先には思いがけない出来事が待っているもの。大事なのはその予期せぬハプニングも含めて楽しめる心持ちです。「まあ、どうにかなるさ」とのびのびと軽やかな気持ちで旅に出る。それが私たちのスタイルです。

一期一会のお買い物ができる場所

私たちの旅に欠かせないアンティークショップ巡り。行き先が決まると、まずはその近辺に古道具屋さんやアンティークショップがないかGoogleマップでリサーチします。家から近いところにあるお店では、気になる品と出会っても一度持ち帰ってじっくり検討することがほとんど。次に訪ねたときにはすでに売れてしまっていて、買わなかったことを後悔する……なんてことも少なくありません。

その点、旅先では「もう二度と出会えないかもしれない」という気持ちが背中を押し、お財布の紐もゆるみがち。古いものとの出会いは一期一会だと思い出させてくれるのが旅でのお買い物なのです。帰宅してからも暮らしの中で触れたり目にしたりするたび、その土地で過ごした記憶が蘇ってくる。わが家にはそんな旅のかけらがたくさんあります。

01

交点

北海道空知郡奈井江町字奈井江町113-5
050-3173-7828
HP koten.life
Instagram koten_jp

力強いエネルギーが宿った道内の古道具に出会える、築120年の蔵を改装して造られた古道具店。古い物を通して「その土地らしさ」を知る楽しみを教えていただいた場所です。

02

annorum

東京都台東区浅草4-7-11
HP annorum.jp
Instagram annorum

やわらかな空気をまとった素朴なアンティーク家具が並ぶショップ。2階にはそんな素敵な家具でスタイリングされた、ひみつの隠れ家のようなカフェもあります。

03

CEROTE ANTIQUES

東京都渋谷区千駄ヶ谷2-10-2
グランコート千駄ヶ谷2F-B3F
03-5786-3115
HP sharkattack.jp
Instagram sharkattack_inc

地上2階〜地下3階で構成された見応えたっぷりの店内。フロアごとに時代や国が移り変わっていき、まるでタイムトラベルをしているかのような感覚を楽しめます。

04

proto 器とタカラモノ

東京都台東区蔵前4-20-12 精華ビル 2F
090-6931-8779
HP protoart.base.shop/
Instagram proto_kuramae

まさに「タカラモノ」のような、個性豊かな顔ぶれの器や調度品が並ぶセレクトショップ。店主さんが作品の背景や物語を大切にされているのが伝わってくる、愛のお店です。

05

artique kamakura

神奈川県鎌倉市長谷2-4-5
050-3184-3838
HP artique.jp
Instagram artique0／artique.kamakura

大きな広間に所狭しと並ぶアンティークは、何度訪れても感動する圧巻の光景！ 大きく開け放った窓からふんわり流れ込む鎌倉の風も心地いいんですよね。

06

BELLÙRIA｜鎌倉

神奈川県鎌倉市長谷2-20-32
0467-22-2566
HP belluria.net
Instagram belluria

江ノ島電鉄の長谷駅から小路を辿っていくと現れる、風情たっぷりな古民家。オーナーの目利きが光る「本当に良いもの」が並ぶセレクトショップです。私たちが結婚指輪を決めたお店でもあります。

07

Fleuve

静岡県浜松市中央区名塚町37
080-3656-1092
HP fleuve2022.wixsite.com/my-site
Instagram fleuve_

フランスの古い器を中心としたセレクトショップ。一つひとつのアイテムの背景や買い付けのときの思い出話を教えてくださり、手に取ったアイテムへの愛着がいっそう増すお店です。

08

antiquenara（co-minka）

滋賀県近江八幡市永原町中4
0748-43-0180
HP antique-nara.com
Instagram co_minka

近江八幡の古き良き街並みの中に佇む古民家を改装したアンティークショップ。センスが光るセレクトアイテムのみならず、その美しいディスプレイにもほれぼれ……。

11

ALBUM

福岡県福岡市城南区片江1-10-11
092-871-0503
HP albumantique.com
Instagram _____album

胸を高鳴らさずにはいられない、見渡す限りのアンティーク。古いものを取り入れた空間作りのヒントがぎゅっと詰まった店内のスタイリングにも、ときめきが止まりません。

12

TRAM

福岡県福岡市中央区薬院1-6-16
百田ビル202
092-713-0630
HP tram2002.com
Instagram tram_tio

北欧の暮らしが目に浮かぶ、温もりあふれるセレクト。生活の中で使っているイメージが自然と湧くからこそ、あれもこれもいいなと目移りしてしまいます。

09

antiquus days

京都府長岡京市開田3-3-10 ロングヒル1F
075-201-8308
HP antiquusdays.mystrikingly.com
Instagram antiquusdays

白を基調としたすっきりシンプルな店内。素敵なセレクトのアンティークや花のしつらえもよく映えます。気さくで親切な店主さんとのおしゃべりも楽しみのひとつ。

10

Antiques *Midi

大阪府箕面市船場東1-9-6 3F
072-728-4777
HP antiques-midi.com
Instagram antiquesmidi

キャビネットなど大型家具のお取り扱いが豊富なショップ。丁寧なメンテナンスのおかげで古くても使い心地がいい、長く付き合っていけるアンティークと出会えます。

その土地のおいしさを味わえる場所

旅の楽しみといえば、やっぱりおいしいもの。お店選びにこれといったこだわりや決まりはなく、「なんかいいな」「行ってみたいな」という感覚に素直に従って訪ねています。が、強いていうなら、その土地ならではの食材を生かしたお料理がいただけるお店には惹かれることが多いかもしれません。

情報収集はInstagramをメインに使っています。日頃からよく見ているので、おすすめ欄にも自然と素敵なお店の情報が集まるようになりました。

気になるところを見つけたらアプリ内で場所ごとにフォルダ分けして保存し、Googleマップにもピンを立てておきます。そうやって普段からちょこちょこと情報を集めておけば、旅先が決まったときにスムーズに旅程が立てられるし、営業時間やおすすめのメニューなどもひと目でわかり、便利です。

01

GRIS

北海道札幌市中央区南2条西8-5-4 FABcafe4F
011-206-8448
HP gris0141.com
Instagram gris.4f

目にも舌にも新鮮な創作中華とおいしいお酒がいただけるレストラン。澄んだ静寂と気持ちよくまわる酔いに浸り、幸福度メーターが振り切れた夜でした。

02

shandi nivas café

北海道夕張郡長沼町東4線南10
0123-76-7306
HP shandinivas.com
Instagram shandi_nivas

三角屋根から伸びる煙突がかわいらしいカレー屋さん。本場インドで学ばれたというカレーは、本格的でありつつ日本人にも食べやすい温もりを感じる味わいです。

03

cafe restaurant NILS

群馬県桐生市梅田町3-127
0277-32-0608
HP marchedenils.stores.jp
Instagram caferestaurantnils

古くから織物で栄えた街の工場跡地に建つ、ノスタルジックなレストラン。季節の野菜をたっぷり使ったピザやパスタなど、ビビッドな色彩が躍る料理はどれも絶品です。

04

めしと、さけanno

東京都台東区浅草橋3-29-5 2F
HP annomeshi.com
Instagram annomeshi

蔵前の街でひっそりと灯りをともす、まさに「大人の秘密基地」です。お酒が進むおいしい料理の数々。その美しい盛り付けにも、一品一品見とれずにはいられません。

05

Cafe Hütte

神奈川県藤沢市辻堂6丁目3-10
0466-41-9067
Mail cafehutte6310@gmail.com
Instagram cafe_hutte

真心を感じる丁寧な味わいのお料理やデザートを楽しめるカフェ。やわらかな日差しが差し込み、ゆったりとスローな空気が漂う店内。伺うたび優しい気持ちになれる場所です。

06

enso

神奈川県鎌倉市小町2丁目8-29
0467-39-6141
HP enso-osaji.net
Instagram enso_osaji

小町通りの裏路地にひっそり佇むレストラン。鎌倉の食材や旬の野菜を贅沢に使った、彩り豊かなお料理に心が躍ります。緻密に重なった味と香りを紐解くのも楽しみのひとつ。

07

STARDUST

京都府京都市北区紫竹下竹殿町41
075-286-7296
HP stardustkyoto.com/cafe
Instagram stardust_kana

どこか神聖な空気が漂い、やわらかな引力と微かな煌めきに胸が高鳴るふしぎな空間。ここでいただけるヴィーガンスイーツはどれも絶品です。器やカトラリーも素敵。　＊喫茶は要予約

08

WIFE&HUSBAND

京都府京都市北区小山下内河原町106-6
075-201-7324
HP wifeandhusband.jp
Instagram wifeandhusband_kyoichi

お店でレンタルできるピクニックセットとコーヒーを傍らに置いて、ぼけーっと遠くの山を眺めたり、うつらうつらと居眠りしたり。賀茂川の流れる音をBGMに過ごすコーヒータイム、至高です。

11

belk

岡山県倉敷市児島唐琴町7
HP belk.stores.jp
Instagram _belk__

息を呑むほどに美しい瀬戸内海、悠々と泳ぐように舞う鷲、ゆらりと風に乗るパラグライダー。海も空もすべて独り占めしたような景色を眺めながらお茶の時間を楽しめます。

09

wad

大阪府大阪市中央区南船場4-9-3 東新ビル2F
06-4708-3616
HP wad-cafe.com
Instagram wadcafe

大阪へ行くたびに立ち寄る、日本茶と甘味が楽しめるカフェ。美しさの中に粗野な空気を感じる、まるで自然をそのまま切り取ったかのような湯呑みや小鉢にもうっとり。

10

閑奏

岡山県岡山市北区建部町富沢78
Instagram qan_so

縁側の先に広がるのどかな風景に、畳と古い木が混ざり合った懐かしいにおい。すきとおった琥珀色の木柵鉄観音茶のおいしさに心が震えたことを覚えています。

憧れの暮らしを体験できる場所

旅の行き先を決めるとき、最初に選ぶのは宿かもしれません。泊まりたい宿に合わせて行き先が決まることもあります。名作インテリアが並ぶ室内、額縁のような窓からのぞく自然豊かな景色、耳を澄ますと聞こえてくる小鳥のさえずり……。そんな憧れの暮らしを疑似体験できるのが「宿に泊まる」醍醐味です。

私たちにとって宿での時間は生活の延長。けれどいつもと変わらないルーティンの中でも、場所が旅先というだけで、普段は見えなかったことに目が留まったりするのです。魅力的な宿には、暮らしのヒントもたくさん。照明一つ取っても、形、置き場所、光量と、そこには心地よい空間へのこだわりがたくさん潜んでいます。そんな空間作りのアイデアは、旅のお土産としてこそっと日常に持ち帰らせてもらっています。

01

スプウン谷のザワザワ村

北海道上川郡美瑛町大村大久保協生
0166-92-7037
HP spoonvalley.com

農場の中に並ぶ、まるで絵本の世界から飛び出してきたかのような一軒家。北の大地の恵みと手仕事の行き届いたお食事にも心が温まります。

02

大磯エピナール

神奈川県中郡大磯町国府本郷1221
080-5413-3525
HP airbnb.com/slink/XHOLM6mx
Instagram epinard_official

異国の片田舎でホームステイをしているような気分になるゲストハウス。気さくなオーナーさんと朝食を食べながらおしゃべりする時間が楽しかったな。

05

由布院温泉 旅館 光の家

大分県由布市湯布院町川上2490
0977-85-3011
HP hikarino-ie.com
Instagram hikarinoie.ryokan

由布岳の麓に佇む、人の優しさと山の温もりに包まれたお宿。館内には古道具と古着の店、図書室、茶室があり、素敵なセレクトのお品が並びます。

06

uno nido

岡山県玉野市築港1-11-23
Mail info@uno-nido.jp
HP uno-nido.jp
Instagram uno_nido

港のそばのちいさな宿。窓際に浮かぶまあるい灯りがお月様のようで、ふしぎな安心感の中で眠りについたことをよく覚えています。

03

丸福楼《マルフクロウ》

京都府京都市下京区正面通加茂川西入鍵屋町342
075-353-3355
HP marufukuro.com
Instagram kyoto.marufukuro

言わずと知れた「任天堂」の旧本社社屋をリノベーションしたホテル。和洋折衷の要素がちりばめられた本物のレトロ空間。目に映るもの全てに心を奪われたなあ。

04

ISLAND LIVING

兵庫県淡路市浦753
050-6878-3094
HP islandliving.jp/islandliving
Instagram islandliving_awaji

海から届く波の音や、風のやわらかさ、陽が沈む前の静けさ。自然のうつろいに体を預ける中で、五感を取り戻すような感覚を味わえる宿です。

Column3

名前の由来は「二度寝」です

YouTubeを始めるにあたって色々と準備を進める中で、一番悩んだのがチャンネル名でした。これから先の人生を長く共にしていく名前だと思うと、そう簡単には決められず……。わが子に名前をつけるかのように、どこか緊張しつつ悩んだことを覚えています。

自分たちの「好き」を発信するプラットフォームにしていくのなら、チャンネル名も好きなモノ・コトにまつわる名前がいい。そう決めて、二人で思いつく限りの「好き」をノートに書き出しました。その中でいいなと思ったのが、暮らしにまつわる言葉。温かくやわらかな時間をイメージできることや、言葉としての響きのよさなども踏まえて少しずつ絞っていき、最後に残ったのが「二度寝」でした。

まだ覚めきらない頭で夢のはしっこを辿りながら、まどろみの中をゆらゆらと漂う時間。自分の体と布団の境界線が溶け合ってしまうような、温もりに包まれたしあわせなひととき。私たちの動画を通じて、そんな心地よさを感じてもらえたらという思いを込めています。

Chapter

4

Talk about nidones

私たちについて

インスピレーションはどこから？

自分が何からインスピレーションを得ているか。今までしっかり考えてみたことがなかったけれど、思い返してみるとこれという特定の何かではなく、本、音楽、人との会話、旅など、日常で触れるあらゆるものからと言える気がします。どんなものも自分次第でインスピレーションのソースになり得ると思うんです。同じものを見ても、何かを感じ取ろうとしたときとそうでないときでは、得られるものの量と質が変わってくる。だから何かアイデアやヒントが欲しいときは、意識的にアンテナのスイッチを入れて生活している気がします。

アンテナが何かにぴんと反応したときには、手間や時間を惜しまず、できる限りそれに触れに行く努力をします。ライブに行ってみたいと思ったアーティストがいつまで音を鳴らし続けてくれるか、気になったお店がいつまでそこに店舗を構え続けてくれるか、見てみたいと思った景色がいつまで変わらない姿で存在し続けてくれるか。この世に永遠はありません。新型コロナウイルスが世界を揺るがしたこの数年の間、さまざまな場面で痛いほどに思い知らされたことです。

それに、アンテナが反応したのはその時その瞬間の自分だったからだと思うんです。一ヶ月後だったら、一年後だったら……？　そのタイミングだからこそ出会えたインスピレーションを逃さず自分のものにする。これも大切にしていることかもしれません。

日常で触れる
あらゆるものが
ひらめきにつながる

私から私に愛を。
ささやかな
ひとり時間の幸せ

大切にしていること

私が何よりも大切にしているのは、自分自身を愛してあげること。以前母に教わって以来、いつも心に留めている「シャンパンタワーの法則」というものがあります。シャンパンタワーは、一番上の段のグラスがいっぱいになることで、あふれたシャンパンが下の段へと流れていくもの。その一番上の段のグラスを自分自身に見立て、まずは自分に愛を注ぐことで周囲の人たちにも優しさやエネルギーを与えることができるよ、という意味だそう。

逆をいえば、自分が満たされていない状態では誰かを満たしてあげることはできないんですね。空っぽのグラスは、ほうっておくと愛や優しさを求めて他のグラスのもとに傾き、倒れて、ヒビが入ってしまったりする。昔の私はよくそんな状態に陥っていて、誰かを幸せにしたかっただけなのに結局は自分が潰れてしまい本末転倒……ということが、仕事でもプライベートでもよく起きていました。そんな経験もあって、今は何よりもまず自分が一番ハッピーでいようと心がけています。

そのために欠かせないのが、ひとりの時間。私たち夫婦は生活も仕事も共にしているので、一日の大半の時間、顔を合わせて過ごします。だからこそ、終業後はあえて距離をとり各々の時間を過ごすように。私はお茶を淹れたり、キャンドルを灯したり、夜風に当たったり、バスソルトを溶かしたお湯に浸かったりと、自分だけの時間を満喫します。

大層なことじゃなくていい、ほんの小さなご褒美でも積み重ねれば心はじゅうぶん満たされる。自分を慈しむ時間は想像以上のパワーを持っていることを暮らしの中で学びました。これからも日々、自分のグラスに愛を注いでいきたいな。

夢を叶える方法

夢を叶えるために私が大事にしているのは「自分自身をよく知ること」です。自分は何が好きで、得意で、苦手で、どんなときに嬉しくて、幸せで、悲しいのか。自分に対する解像度が上がると、何か重要な選択肢が目の前に現れたときにも根拠を持って選ぶことができるし、自信を持って決めた道を進むことができると思っています。

でも自分のことって案外わからないもの。ましてや大人になると、社会のルールに従ったり、場の空気を読んだり、人の目を気にしたりして、ときどき本当の自分を見失うような感覚に悩むことがあります。

そんなとき、埋もれてしまいそうになる感情を取り戻すために私がしているのが、日記をつけること。どこに行った、誰と会った、何を食べた、という起こった事実よりも、それによって自分は何を感じたかに焦点を当てた日記です。心の動きをよーく観察して記録する。人の気持ちって曖昧だし変わりやすいものでもあるから、理解しているようでできていない感情の起伏や陰影は、案外たくさんあるんですよね。

ペンを動かしていると「あ、私、そんなふうに思ってたんだ」と無意識下の気持ちが見えてきたりするので、ちゃんと目に見える形ですくい取ってあげることは大切だなあと思います。本音が詰まった日記は、自分の取扱説明書のようなもの。それはこれからの夢を叶えていく道のりで、頼もしい相棒になってくれるはず。

しあわせを感じる瞬間

私がしあわせを感じるとき。
明け方、窓を開けて冷たい
空気をふぅっと吸い込む瞬間。
お花屋さんに、はじめて見る
花の名を教わるとき。
作った料理を前に、どの器が
合うかなと悩む時間。
洗い立ての枕カバーに顔を
埋める瞬間。
カーテンの間から差し込む
光を見つけたとき。
どこかのお家の晩御飯の
においに、頬がゆるむ帰り道。

しあわせというのは、ただ過ぎていくような何気ない日々にこそ転がっているものだと思います。心が満たされないと感じるときでも、ひょいと足元から拾い上げたそれが、目新しいものでは埋められなかった空虚な心の隙間を満たしてくれたりする。そんな一つひとつの瞬間を、なるべくこぼさないようにすくい取れる自分でいたいな。

ずっとふしぎに思っていました。年を重ねれば重ねるほど、時間の流れが早く感じられるのはなぜなんだろうって。すると先日ラジオで「なるほど!」と思える話を耳にしたんです。

子どもの頃は「はじめて」に触れる機会が多いですよね。はじめて見る景色、はじめて会う人、はじめて食べるもの。毎日の中にワクワクがちりばめられていて、一つひとつの記憶がぎゅっと密度高く、濃く残る。ところが大人になるにつれてだんだんと見知ったことやルーティンが増えてゆき、その結果一日一日の輪郭がぼやけて、自分でも気づかぬうちに時間が流れていってしまう。それに大人にはやらなくてはならないこと、考えなくてはならないことが多く、目の前のタスクをこなしているうちにいつのまにか時間が経ってしまうんだ、と。

これからのこと

確かにそうかもしれません。ならば私は、これからの時間をどんなふうに過ごしたいだろう。考えてみると答えは決まっていました。食べたことのないものを食べ、行ったことのない場所へ行き、会ったことのない人に会い、やったことないのない何かにチャレンジする。いくつになっても、家族が増えても、住む場所が変わっても、子どもの頃のように「はじめて」を求め続けていきたい。そう思っています。

10年後も、
50年後も、
「はじめて」を楽しみたい

nidonesという仕事

2020年にYouTubeを始めてから約4年半の時が経ち、ありがたいことに20万人以上の方に見ていただけるチャンネルになりました。そこから派生して、オリジナルのアイテムを販売したり、イベントを開いたり、そしてこうして本まで書かせていただける日が来るなんて。平日の仕事終わりに眠い目を擦りながら撮影や編集に明け暮れていたあのときの私たちには、想像もできなかった今があります。
　私たちの目指す場所はどこにあるんだろう。私たちはこれからどうなりたいんだろう。いつも考えてきたことです。ぐるぐると考えてもはっきりした答えが出せない一方で、好きなこと、やってみたいことは挙げるとキリがないくらいたくさんあって。
　愛おしい日常を動画として切り取り続けること、応援してくださる皆さんにお会いできる機会を作ること、47都道府県全てを旅すること、オリジナルのガイドブックを作ること、海外に住んでみること、ギャラリーなのかスタジオなのかカフェなのか……まだ何も決まっていないけれど、いつか自分たちの表現ができる空間を持つこと。チャレンジしたいことは次々と出てくるのに、じゃあその中に人生のゴールがあるのかと問われたら「うーん」と考えてしまうんです。

一つの道を極めている方や、大きな目標に向かって走り続けている方と比べて、自分たちには「人生をかけてこれをやっていく」という唯一のものがない気がする。そのことに負い目を感じる瞬間が、これまで多々ありました。

でもnidonesとして活動している時間は心から楽しいと思えるし、夫とこれからやってみたいことを話し合う時間は、ほかのどんな時間よりもワクワクするんです。家具に雑貨、古いもの、本、アート、おしゃれ。それを「好き」と思う気持ちこそが、私たちの原動力なんだと思います。

私たち二人がいきいきと楽しくいられる方法は、目の前でまばゆく光る「好き」を追いかけて、それを何かしらの形に変えていくこと。もし失敗に終わったとしても、せっかくたくさんの「好き」を持っているのだから、また次の光を追えばいい。「好き」を道しるべに、次へ次へと進んでいけばいい。そんな生き方があってもいいじゃないかと思うのです。

「好き」を追いかけて、これからも

おわりに

この本を書き終えた今、
日々の何気ない瞬間に目を向けることの尊さ、
そして自分で暮らしを紡ぎ、慈しむことの楽しさを改めて感じています。

人生は思い通りにいくことばかりではないけれど、
自分の手の中にある「好き」で日々を温めることができたなら、
どんなことがあっても最後はきっと大丈夫。

だからこの先まだまだ続いていく長い道のり、
いつでも「好き」をお守りのように抱きしめ続けていたいです。

この本をお手にとってくださった皆さま、
いつも心を寄せてくださる温かいフォロワーさん、
そして制作に携わってくださったすべての方々に感謝を込めて。

nidones

本書に掲載されているアイテムのリストです。
QRコードを読み取り、サイトにアクセスしてください。
リンク先のページは、予告なく変更または削除される可能性があります。

nidones（ニドネス）

ライフスタイルクリエイター。夫のyu、妻のmioの二人で活動。YouTubeチャンネル「nidones」にて、衣食住や旅を発信。2023年10月より、無印良品のキャンペーン企画にて「藤沢の団地大使」を務める。SNS総フォロワー数31万人。

撮影　濱津和貴
イラスト　mio
デザイン　中村 妙
校正　金子亜衣
編集　片田理恵
写真提供　nidones（P40、P78、P114）

暮《く》らしを輝《かがや》かせる小《ち》さな工夫《くふう》

毎日《まいにち》に、ひとさじの「好《す》き」を

2024年12月19日　発　行　NDC597
2025年 3 月 4 日　第2刷

著　者　nidones《ニドネス》
発行者　小川雄一
発行所　株式会社 誠文堂新光社
〒113-0033 東京都文京区本郷3-3-11
https://www.seibundo-shinkosha.net/
印刷所　株式会社 大熊整美堂
製本所　和光堂 株式会社

ISBN978-4-416-72372-2